Lebenslanges Lernen im demografischen Wandel

Jana Loos

Lebenslanges Lernen im demografischen Wandel

Jana Loos
ArcelorMittal Bremen GmbH
Bremen, Deutschland

GEFÖRDERT VOM

Bundesministerium
für Bildung
und Forschung

ISBN 978-3-658-17170-4   ISBN 978-3-658-17171-1 (eBook)
DOI 10.1007/978-3-658-17171-1

Die Deutsche Nationalbibliothek verzeichnet diese Publikation in der Deutschen Nationalbibliografie; detaillierte bibliografische Daten sind im Internet über http://dnb.d-nb.de abrufbar.

Springer Gabler
© Springer Fachmedien Wiesbaden GmbH 2017
Das Werk einschließlich aller seiner Teile ist urheberrechtlich geschützt. Jede Verwertung, die nicht ausdrücklich vom Urheberrechtsgesetz zugelassen ist, bedarf der vorherigen Zustimmung des Verlags. Das gilt insbesondere für Vervielfältigungen, Bearbeitungen, Übersetzungen, Mikroverfilmungen und die Einspeicherung und Verarbeitung in elektronischen Systemen.
Die Wiedergabe von Gebrauchsnamen, Handelsnamen, Warenbezeichnungen usw. in diesem Werk berechtigt auch ohne besondere Kennzeichnung nicht zu der Annahme, dass solche Namen im Sinne der Warenzeichen- und Markenschutz-Gesetzgebung als frei zu betrachten wären und daher von jedermann benutzt werden dürften.
Der Verlag, die Autoren und die Herausgeber gehen davon aus, dass die Angaben und Informationen in diesem Werk zum Zeitpunkt der Veröffentlichung vollständig und korrekt sind. Weder der Verlag noch die Autoren oder die Herausgeber übernehmen, ausdrücklich oder implizit, Gewähr für den Inhalt des Werkes, etwaige Fehler oder Äußerungen. Der Verlag bleibt im Hinblick auf geografische Zuordnungen und Gebietsbezeichnungen in veröffentlichten Karten und Institutionsadressen neutral.

Springer Gabler ist Teil von Springer Nature
Die eingetragene Gesellschaft ist Springer Fachmedien Wiesbaden GmbH
Die Anschrift der Gesellschaft ist: Abraham-Lincoln-Str. 46, 65189 Wiesbaden, Germany

Vorbemerkung

Um die Lesbarkeit dieses Buches zu vereinfachen, verwenden wir bei Personenbezeichnungen (Mitarbeiter, Teilnehmer) immer die männliche Form. Damit sind selbstverständlich auch alle Frauen angesprochen.

Dieses Forschungs- und Entwicklungsprojekt wurde durch das Bundesministerium für Bildung und Forschung (BMBF) im Rahmen des FuE-Programms „Zukunft der Arbeit" als Teil des Dachprogramms „Innovationen für die Produktion, Dienstleistung und Arbeit von morgen" (Förderkennzeichen 02L10A021) gefördert und vom Projektträger Karlsruhe (PTKA) betreut. Die Verantwortung für den Inhalt dieser Veröffentlichung liegt bei der Autorin.

Inhaltsverzeichnis

1	**Der demografische Wandel ist da – wir müssen lernen!**	1
	1.1 Demografischer Wandel	3
	1.2 Ältere Mitarbeiter und Lernen	5
	1.3 Informelles Lernen	7
	Literatur	10
2	**Was ist Lernkompetenz?**	13
	2.1 Lernkompetenz als arbeitsbezogene Schlüsselfertigkeit	13
	Literatur	14
3	**Baseline-Fragebogenerhebung**	17
	3.1 Voraussetzungen für informelles Lernen am Arbeitsplatz	18
	Literatur	21
4	**Tool A: Onlinetool zur Messung von Lernkompetenz**	23
	4.1 Zielsetzung	23
	4.2 Ablauf	24
	Literatur	27
5	**Tool B: Lernkompetenztraining**	29
	5.1 Zielsetzung	29
	5.2 Struktur des Trainings	31
	5.3 Sensibilisierung	32
	5.4 Lerntechniken	34
	5.5 Lernkontrolle: Metakognitive Kompetenz	36
	5.6 Lernmotivation	39
	Literatur	43

6	**Tool C: Berufsbegleitende Lernberatung**	45
	6.1 Zielsetzung	45
	6.2 Ablauf einer Lernberatung	46
	6.3 Ansatzpunkte	49
	Literatur	51
7	**Tool D: Führungskräftetraining „Lernen ermöglichen".**	53
	7.1 Zielsetzung	54
	7.2 Struktur des Trainings	56
	7.3 Ein positives Lernklima schaffen	57
	7.4 Ursachen von Lernblockaden	61
	7.5 Lernblockaden begegnen: Motivierende Gesprächsführung	65
	Literatur	72
8	**Zwischenbemerkung: Lerntransfer**	75
	8.1 Ebenen von Lerntransfer	75
	Literatur	77
9	**Tool E: Transfer in den Alltag: Lern-VLOG**	79
	9.1 Zielsetzung	79
	Literatur	80
10	**Exkurs: Zielgruppe Produktionsmitarbeiter**	81
	10.1 Industrie im demografischen Wandel	81
	10.2 Methodische Ausrichtung auf die Zielgruppe	83
	Literatur	85
11	**Fazit: Auswertung zur Effektivität der Tools**	87

Abbildungsverzeichnis

Abb. 1.1	Erwartete Folgen des demografischen Wandels nach Branche	5
Abb. 3.1	Zusammenhang Unterstützung durch Führungskräfte und Zeit seit der letzten Weiterbildung	20
Abb. 4.1	Wichtige Einflussfaktoren für Lernkompetenz	24
Abb. 4.2	Grafischer Output des Onlinetools zur Messung von Lernkompetenz	25
Abb. 4.3	Onlinetool: Übersicht zu den einzelnen Fragen	26
Abb. 4.4	Output des Onlinetools zur Messung von Lernkompetenz	27
Abb. 5.1	Schwerpunkte beim Training zur Förderung von Lernkompetenz	30
Abb. 5.2	Ablaufschema Lernfitnesstraining	31
Abb. 5.3	Lern-Bingo (Sensibilisierung für informelle Lernsituationen)	33
Abb. 5.4	Beispiel ABC-Modell	40
Abb. 6.1	Ablauf eines Lernberatungsprozesses	48
Abb. 7.1	Inhalte des Führungskräfte-Trainings „Lernen ermöglichen"	57
Abb. 9.1	Screenshot aus einem Lern-VLOG	80
Abb. 11.1	Trainingseffekte bzgl. Erhalten von Feedback	88
Abb. 11.2	Trainingseffekte bzgl. Lernklima	88
Abb. 11.3	Trainingseffekte bzgl. Altersklima	89
Abb. 11.4	Trainingseffekte bzgl. strategischem Vorgehen beim Lernen	90

Tabellenverzeichnis

Tab. 1.1	Kriterien zur Abgrenzung zwischen formellem und informellem Lernen.	8
Tab. 5.1	Epistemologische Überzeugungen	33
Tab. 5.2	Anwendungsbeispiel für Attributionsstile	41
Tab. 6.1	Fiktives Beispiel für eine Stärken-Schwächen-Analyse	50
Tab. 7.1	Lern- vs. Arbeitssituation	58
Tab. 7.2	Führungsansätze, um eine Lern- oder Arbeitssituation herzustellen	58
Tab. 7.3	Traditionelle vs. innovative Lernkultur	59
Tab. 7.4	Lern-Mikrokulturen	60
Tab. 7.5	Interne Ursachen von Lernblockaden	62
Tab. 7.6	Externe Ursachen von Lernblockaden	63
Tab. 7.7	Ursachen von Lernblockaden als Mischform (intern und extern)	64

Der demografische Wandel ist da – wir müssen lernen! 1

> **Zusammenfassung**
> Der demografische Wandel ist in starkem Maße mit dem Thema Lernen verbunden. Gerade in den industriellen Branchen besteht Handlungsbedarf, um sich an die aktuellen Gegebenheiten anzupassen und beispielsweise neue Möglichkeiten für ältere Mitarbeiter zu schaffen. In all diesen Bereichen spielt das informelle Lernen eine wichtige Rolle – also alles Lernen, das selbstgesteuert während der alltäglichen Arbeit stattfindet.

Ein Paradigmenwechsel steht unserer Arbeitswelt bevor – Mitarbeiter werden älter, sind mit einem rapiden Technologiewandel konfrontiert und die Digitalisierung hält Einzug in die Industrie. Unsere Aufgaben und auch unsere Arbeitszeiten werden flexibler. Der Fachkräftemangel wird in den großen Medien als aktuelles Problem diskutiert, gleichzeitig wird die Nachfrage nach ungelernten Arbeitskräften immer geringer.

All diesen Veränderungen ist eins gemeinsam: Sie erfordern ständiges Lernen und eine hohe Flexibilität. Mitarbeiter bleiben nicht mehr ihr Leben lang auf einer Stelle, sondern müssen sich ständig weiterentwickeln. Doch was der eine mit Freude und Entdeckungseifer angeht, stellt den anderen vor unüberwindbare Hürden: Ein derart hohes Maß an Veränderung schafft auch Unsicherheiten.

Hier ist es wichtig, den Einzelnen in seiner Lernfähigkeit zu fördern. Doch Lernkompetenz – die Fähigkeit, selbstständig effektiv zu lernen – ist nicht angeboren. Sie muss erlernt werden, ist jedoch normalerweise kein Bestandteil der schulischen Ausbildung. Zudem berichten Mitarbeiter, die ihre Ausbildung schon vor längerer Zeit beendet haben, oft von langen Lernstillstandszeiten: Sie haben das Lernen verlernt.

Wir glauben, dass dies eine Aufgabe für die Personalentwicklung ist: Das Unternehmen steht in der Verantwortung, seine Mitarbeiter lernfähig zu halten, sodass diese sich kontinuierlich weiterbilden können. Dies hat auch Vorteile für die Organisation:

- Selbstständiges, effektives Lernen hilft, schnell mit neuen Situationen vertraut zu werden und neue Arbeitsabläufe zu verinnerlichen.
- Wer sich selbst gut kennt, kann seine Lernprozesse maximal effizient gestalten. Das vermeidet Frust.
- Wer im Lernprozess bleibt, lernt insgesamt leichter und hält sein Gehirn fit. Ein solcher Mitarbeiter ist flexibler einsetzbar und kann sich schneller an neue Gegebenheiten anpassen – ein wichtiger Wettbewerbsvorteil!

An dieser Stelle setzt das Projekt „Lebenslanges Lernen im demografischen Wandel" an, das vom Bundesministerium für Bildung und Forschung (BMBF) gefördert wurde. In enger Zusammenarbeit zwischen der ArcelorMittal Bremen GmbH und der Jacobs University ist eine Toolbox entstanden, die lebenslanges Lernen am Arbeitsplatz fördert – in der Praxis getestet und wissenschaftlich evaluiert.

Das Projekt, das über drei Jahre im Zeitraum von 2013 bis 2016 lief, hatte zum Ziel, lebenslanges Lernen im Beruf zu optimieren. Durch eine Verbindung von Fachwissen aus Organisationspsychologie, Gesundheitspsychologie und Soziologie sowie eine enge Anbindung an ein Unternehmen sind die entwickelten Tools besonders praxisnah und vielseitig.

Das Projekt setzt sich aus sieben Arbeitspaketen mit einer weitsichtigen Perspektive zusammen. Im Folgenden konzentrieren wir uns auf die Erkenntnisse aus Arbeitspaket 5. Dieses wurde schwerpunktmäßig seitens ArcelorMittal Bremen bearbeitet und hatte zum Ziel:

- Schlüsselfaktoren identifizieren, die lebenslanges Lernen in der Arbeitsbiografie ermöglichen
- eine Toolbox entwickeln, die lebenslanges Lernen für Mitarbeiter fördert
- diese Tools hinsichtlich ihrer Wirksamkeit statistisch auswerten.

In diesem Buch stellen wir Ihnen Hintergründe, Konzepte und unsere Effizienzauswertung vor. Wir richten uns an Personalverantwortliche aus Unternehmen, die das Thema Lernen stärker in den Vordergrund rücken wollen. Gerade die erhöhte Effizienz der Lernphasen, die dadurch erzielt wird, bietet Ihnen einen sofortigen Return on Investment und eine verbesserte Produktivität (Nikolova et al. 2014).

Um Lernkompetenz zu fördern, sehen wir drei Themengebiete als zentral an:

- **demografischer Wandel:** Anpassung von Tools und Methoden an die Altersstruktur in Ihrem Unternehmen
- **Zielgruppenorientierung:** Herstellung einer möglichst großen Passung zwischen Methoden und Teilnehmern. Im Folgenden fokussieren wir uns in dieser Veröffentlichung auf ältere Mitarbeiter und den Produktionskontext.
- **Informelles Lernen,** d. h. selbstständiges Lernen innerhalb der Arbeitssituation: Diese Form von Lernen wird vom Mitarbeiter selbst gestaltet, außerdem können Vorgesetzte und Management stark darauf einwirken, dass auch der Arbeitsalltag lernförderlich strukturiert ist.

Informelles Lernen führt zu einer sofortigen Anpassung und Problemlösung und verbessert damit den Arbeitsprozess sehr direkt. Ebenso liegt es in hohem Maße in der Verantwortung der Mitarbeiter, die diese Möglichkeiten ergreifen müssen.

Im Folgenden werden wir diese drei Punkte kurz vertiefen.

1.1 Demografischer Wandel

Der demografische Wandel ist ein Leitthema unserer Zeit. Der Oberbegriff fasst verschiedene Trends zusammen, die unsere Gesellschaft im Moment erfährt:

- Erhöhung der Lebenserwartung, sodass Mitarbeiter länger gesund sind und später in Rente gehen
- Rückgang der Geburtenrate, d. h. die Gesellschaft als solche „altert" (Bloom und Canning 2004)
- Erhöhung von Migrationsbewegungen (z. B. Hernandez 2004).

Im Folgenden werden wir uns hauptsächlich auf den ersten dieser Punkte konzentrieren, da er mit unserem Forschungsthema in einem engen Zusammenhang steht. Gerade im Produktionskontext ist dieser Trend zu beobachten.

Dadurch, dass Mitarbeiter berufsbiografisch länger arbeiten, müssen sie ihre Aufgaben wechseln. Häufig sind sie zwar grundsätzlich noch arbeitsfähig, können aber nicht mehr in körperlich sehr anspruchsvollen Umgebungen (Schichtarbeit, große Höhen, schwere Werkstücke,…) eingesetzt werden. Auf der anderen Seite stellen diese Mitarbeiter aufgrund ihrer langjährigen Erfahrung eine große Bereicherung für das Unternehmen dar.

Eine Lernumstellung kann beispielsweise dann erfolgen, wenn ein Mitarbeiter Arbeiten nicht mehr selbst ausführt, sondern sein Wissen an andere weitergibt. Lernaufgaben bestehen hier in der Entwicklung didaktischer Fertigkeiten, konzeptioneller Arbeit oder dem Umgang mit Office-Anwendungen.

In den letzten Jahren ist der Altersdurchschnitt deutscher Arbeitnehmer von 41,8 Jahren in 2000 auf 43,8 Jahren in 2010 gestiegen. Im selben Zeitraum stieg der Anteil der erwerbstätigen Bevölkerung von 71,1 % auf 76,6 %. Damit liegt der deutsche Durchschnitt aus dem Jahr 2010 über dem europäischen Durchschnitt (74,6 %) im selben Jahr (Sproß und Trübswetter 2012). Das Institut für Arbeitsmarkt- und Berufsforschung (IAB) rechnet mit einem Anstieg des relativen Anteils von Beschäftigten zwischen 50 und 65 Jahren von 26,9 % in 2010 auf 33,6 % im Jahr 2050 (IAB-Kurzbericht 16/2011).

Allerdings ist es nicht möglich, die Beschäftigtenrate älterer Arbeitnehmer mit einem einfachen Muster zu beschreiben. Anxo et al. (2012, S. 613) beschreiben die Struktur auf europäischer Ebene als „ein Maximum an Diversität in einem Minimum an Platz". Dabei beziehen sie sich darauf, dass in den verschiedenen EU-Ländern sehr unterschiedliche Beschäftigungsraten älterer Arbeitnehmer bestehen. Auch sind Branchenunterschiede festzustellen: Personen mit höherem Bildungsabschluss bleiben tendenziell länger in Arbeit als Personen mit niedrigem Bildungsabschluss (ebenda).

Die Stahlindustrie, also der Kontext für das Projekt „Lebenslanges Lernen im demografischen Wandel", steht in besonderem Maße vor den Herausforderungen des demografischen Wandels. Der Altersdurchschnitt ist mit 44 Jahren vergleichsweise hoch und viele wichtige Wissensträger werden in absehbarer Zeit in Altersrente gehen. Vielen Betrieben ist es nicht möglich, alle Altersabgänge mit neuen Mitarbeitern zu besetzen (ddn 2016a).

Dabei ist der Antritt der Rente keineswegs vom Alter beeinflusst: Eine Studie von Schreurs et al. (2010) zeigt, dass hier ganz andere Faktoren ausschlaggebend sind. Arbeitsanforderungen werden ebenso genannt wie auch Freude an der Arbeit. Im Kontext des demografischen Wandels bedeutet dies, dass durch spezifische Maßnahmen ältere Mitarbeiter länger im Unternehmen bleiben werden – und damit auch ihr Wissen und ihre Expertise. Den Unternehmen bleibt somit mehr Zeit, Fachkräfte als Nachfolger zu finden und auszubilden.

Eine Erhebung des deutschen Demografienetzwerkes (ddn) zeigt, dass der Industriesektor in höherem Maße als die anderen Branchen damit rechnet, Lösungen für die Folgen des demografischen Wandels erarbeiten zu müssen. Einer der Schwerpunkte liegt darauf, dem steigenden Weiterbildungsbedarf zu begegnen (ddn 2016b). Quasi alle erwarteten Folgen sind lernbezogen – man rechnet mit einem steigenden Weiterbildungsbedarf, mit einem Verlust von internem Wissen

1.2 Ältere Mitarbeiter und Lernen

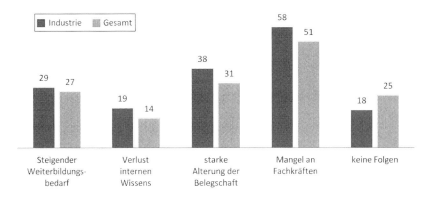

Abb. 1.1 Erwartete Folgen des demografischen Wandels nach Branche. (Quelle: ddn, Angaben in %, Mehrfachnennungen möglich)

und einem Mangel an Fachkräften (Abb. 1.1). Auch die Alterung der Belegschaft spielt eine Rolle: Eventuell kann ein Mitarbeiter nicht bis zum Rentenauftritt die Aufgaben erledigen, die er sein gesamtes Berufsleben über erfüllt hat, sondern muss sich an neue gesundheitliche o. ä. Gegebenheiten anpassen. Auch hier ist Lernfähigkeit eine notwendige Voraussetzung für Anpassungsfähigkeit und Arbeitsfähigkeit.

Die Fähigkeit zu lernen ist also eng mit dem demografischen Wandel verknüpft – und dies ist ein Schlüssel für das Management, wie den Herausforderungen begegnet werden kann.

1.2 Ältere Mitarbeiter und Lernen

Können ältere Mitarbeiter noch Neues lernen? Nicht nur von Kollegen und Vorgesetzten, häufig auch von älteren Mitarbeitern selbst wird diese Frage oft verneint. Bei näherer Betrachtung spielen hier jedoch weniger die Fakten, sondern eine Mischung aus Vorurteilen, widrigen Umständen und sich selbst erfüllenden Prophezeiungen eine Rolle. Wie sieht die Faktenlage aus?

Zunächst ist festzustellen, dass der Begriff „Lernen" nicht für alle Mitarbeiter positiv geprägt ist. Viele denken dabei an Schulsituationen, an unangenehme Prüfungserfahrungen oder an Lernen unter Zwang (Huss und Kölbl 2006). Huss und Kölbl (2006, S. 27) weisen auf noch einen weiteren emotionalen Aspekt hin: „Beim Lernen kann altes Wissen nicht immer aufrechterhalten werden und somit wird dieses Wissen auch ein Stück weit enttäuscht. Lernen bedeutet Ablösungsarbeit und ist daher auch ein emotionales Geschehen."

Unter arbeitsbezogenem Lernen werden oft Schulungen und Trainings verstanden, nicht aber die informellen Lernformen, die der Lerner selbst initiieren und gestalten kann. Formelles Lernen wird im Laufe der Erwerbsbiografie jedoch zunehmend seltener genutzt (Žnidaršič 2012).

Zwar ist es wissenschaftlich nachgewiesen, dass bestimmte Fähigkeiten im Alter zurückgehen – vor allen Dingen Verarbeitungsgeschwindigkeit und Arbeitsgedächtnis (Ng und Feldman 2008). Anderseits bauen sich andere Fähigkeiten während des Lebens kontinuierlich auf – hierzu gehören Lebenserfahrung, Prozesswissen, Faktenwissen und die Fähigkeit, Abläufe zu optimieren. Damit sind ältere Mitarbeiter durchaus in der Lage, Verluste in anderen Bereichen zu kompensieren und weiter produktiv und effizient zu arbeiten (Freund et al. 1999). Naegele und Frerichs (o. J.) weisen darauf hin, dass die *Lernfähigkeit* älterer Mitarbeiter über die gesamte Erwerbsbiografie hinweg gleich bleiben kann. Grundsätzlich arbeiten ältere Kollegen in all denjenigen Bereichen effektiver als jüngere, in denen sie ihre umfassendere Erfahrung nutzen können (Huss und Kölbl 2006).

Reiners (2010, S. 94–95) beschreibt zum Thema Alter und Erfahrung ein spannendes Beispiel:

> **Beispiel**
> Forscher haben in Paraguay den Jäger- und Sammler-Stamm der Ache untersucht. Dieser Stamm geht nach wie vor mit Pfeil und Bogen auf die Jagd. Die Forscher haben nun analysiert, wie stark diese Jäger jeweils waren und wie viel Beute sie mit nach Hause brachten. Zum einen haben die Forscher festgestellt, dass die Ache das Maximum ihrer physiologischen Stärke etwa im Alter von 25 Jahren erreichten (u. a. Maximalkraft, Sprintgeschwindigkeit), was dann abnahm. Die maximale Ausbeute in der Jagd hatten die Jäger dagegen erst im 45. Lebensjahr. Das heißt: die Männer waren erst durch ihre über 20 Jahre lange Erfahrung im Umgang mit Pfeil und Bogen zu wahren Meistern herangereift und das trotz der schwindenden körperlichen Kräfte, die auf einer Jagd mitentscheidend sind.

Das, was allgemein als irreversibler Rückgang erlebt wird, ist häufig nur ein Trainingsdefizit: Beispielsweise in Gedächtnisaufgaben schneiden trainierte Ältere sogar besser ab als untrainierte Jüngere (Li et al. 2008; Anguera et al. 2013). Dies zeigt, wie wichtig es ist, ältere Mitarbeiter im Lernprozess zu halten, damit sich ein solches Trainingsdefizit – und damit die sich selbst erfüllende

Prophezeiung „ich kann ja gar nicht mehr lernen" – gar nicht erst aufbauen kann. Žnidaršič (2012) betont, dass Unternehmen hier eingreifen müssen, da ein Lernstillstand bei älteren Mitarbeitern angesichts des demografischen Wandels heutzutage ein unhaltbarer Zustand sei.

Was kann der aktuelle Forschungsstand zur *Lernmotivation* älterer Mitarbeiter sagen? Bender (2010) beschreibt, dass ältere und jüngere Mitarbeiter sich unter anderem darin unterscheiden, aus welchem Grund sie sich für eine bestimmte Weiterbildung entscheiden: Jüngere Mitarbeiter legen ihren Schwerpunkt darauf, ihre Karriere und ihre Persönlichkeit weiterzuentwickeln. Sie wollen sich einen *Überblick* über ein Themenfeld verschaffen und sich breit aufstellen. Ältere Mitarbeiter entscheiden sich eher für „Anpassungsqualifizierungen" (Bender 2010), d. h. sie wollen vorhandenes Wissen vertiefen und sich auf den aktuellen Stand der Technik bringen. Ihr Ziel besteht meist darin, ihr Wissen zu vertiefen und ihren *Expertenstatus* aufzubauen bzw. zu verfestigen (Žnidaršič 2012).

Diese unterschiedlichen Herangehensweisen haben selbstverständlich auch eine Auswirkung darauf, wie Lernen für ältere bzw. jüngere Mitarbeiter zielgruppenspezifisch gestaltet werden sollte. Strukturell profitieren ältere Mitarbeiter eher von informellen Lernsituationen (Bender 2010) – was natürlich nicht bedeutet, dass ihnen Schulungen und Trainings vorenthalten werden sollen. Vielmehr ist es wichtig, informelles Lernen während der Arbeit zu ermöglichen. Huss und Kölbl nennen hier folgende Strukturen, von denen ältere Mitarbeiter profitieren:

- kommunikative Lernformen wie Gespräche und Diskussionen, Teamlernen und Teamarbeit
- klares Herausstellen des Sinnes einer Lernaufgabe
- Berücksichtigung von persönlichen Interessen und Vorlieben bei der thematischen Auswahl
- Ermöglichen von Mitgestaltung und Mitentscheidung, was die Organisation des Lernprozesses betrifft

Es ist klar ersichtlich, dass dies Punkte sind, von denen ältere Mitarbeiter zwar schwerpunktmäßig profitieren, die jedoch auch für jüngere Kollegen von Vorteil sind.

1.3 Informelles Lernen

Informelles Lernen ist eine „erfahrungsbasierte, nicht institutionalisierte" Lernform (Marsick und Watkins 1990, S. 7), d. h. dieser Begriff fasst alle Arten von Lernen zusammen, die der Lerner selbst strukturiert und mit denen er ad hoc auf aufkommende Lernbedarfe während der Arbeit reagiert. Die Verantwortung für die Gestaltung liegt in der Hand des Lernenden selbst (Malcolm et al. 2003). Bis zu 80 % des arbeitsbezogenen Lernens geschieht informell (Marsick 2006) und Regan und Delaney (2011) gehen davon aus, dass dieser Anteil sich noch erweitern wird.

In der wissenschaftlichen Literatur existiert eine Vielzahl von Definitionen, was informelles Lernen genau sei (z. B. Marsick und Watkins 1990; Manuti et al. 2015; Muis 2007) und welche Einflussfaktoren förderlich seien (z. B. Boyer et al. 2014; Raemdonck et al. 2012). Eine Zusammenschau der bestehenden Modelle ergibt, dass die Hauptpunkte, die die Definition des informellen Lernens umfassen, folgende sind: die Zielgerichtetheit der Handlung, die Rolle des Lerners und anderer Personen, sowie die Frage, inwieweit das erworbene Wissen gültig ist (z. B. belegbar durch ein Zertifikat). Tab. 1.1 gibt einen Überblick zu den Kriterien informellen Lernens in Abgrenzung zum formellen Lernen.

Hinzu kommt, dass formelles und informelles Lernen nicht als zwei gegensätzliche, komplett voneinander getrennte Konstrukte zu sehen sind, sondern eher als zwei Pole auf einem Kontinuum, das den Grad der Strukturiertheit abbildet (Stern und Sommerlad 1999). Das heißt nichts anderes, als dass jede Lernsituation einen bestimmten Grad an Strukturiertheit aufweist, aber auch gewisse Freiheitsgrade, und damit an einem bestimmten Punkt zwischen den beiden Polen „100 % formell" oder „100 % informell" einzuordnen ist.

Malcolm et al. (2003) weisen darauf hin, dass es für Unternehmen wichtig sei, Mitarbeitern beide Formen zu ermöglichen, da auch nicht eine Form besser sei

Tab. 1.1 Kriterien zur Abgrenzung zwischen formellem und informellem Lernen. (Quelle: eigene Darstellung)

	Formelles Lernen	Informelles Lernen
Zielgerichtetheit	Geschieht in intendierten Lernsituationen	Geschieht „on the job" in „zufälligen" Situationen
Planung	Geplant, zeitlich festgelegt	Spontan, aus der aktuellen Situation und einem Bedarf heraus
Struktur	Von anderen geplant, Ziele werden im Vorhinein festgelegt	Unstrukturiert, eingebettet in den Alltag
Rolle des Lernenden	Eher passiv (Aufnahme von Informationen)	Eher aktiv (selbst eine Lernsituation gestalten)
Rolle von anderen	Entscheider, Ermöglicher	Informationsgeber
„Produkt"	Wissen, Zertifikat	Expertise, Erfahrung (manchmal nicht messbar)

1.3 Informelles Lernen

als die andere, sondern vielmehr unterschiedliche Bedarfe unterschiedliche Reaktionen benötigen.

Welche Handlungen sind als informelles Lernen zu verstehen? Das Berichtssystem Weiterbildung IX (BMBF, Kuwan et al. 2006, S. 189) nennt hier die folgenden Felder:

a) Berufsbezogener Besuch von Fachmessen oder Kongressen
b) Unterweisung oder Anlernen am Arbeitsplatz durch Kollegen
c) Unterweisung oder Anlernen am Arbeitsplatz durch Vorgesetzte
d) Unterweisung oder Anlernen am Arbeitsplatz durch außerbetriebliche Personen
e) Lernen durch Beobachten und Ausprobieren am Arbeitsplatz
f) Lernen am Arbeitsplatz mit Hilfe von computerunterstützten Selbstlernprogrammen, berufsbezogenen Ton- oder Videokassetten usw.
g) Nutzung von Lernangeboten u. ä. im Internet am Arbeitsplatz
h) Teilnahme an vom Betrieb organisierten Fachbesuchen in anderen Abteilungen/Bereichen oder planmäßiger Arbeitseinsatz in unterschiedlichen Abteilungen zur gezielten Lernförderung
i) Teilnahme an vom Betrieb organisierten Austauschprogrammen mit anderen Firmen
j) Teilnahme an Qualitätszirkel, Werkstattzirkel, Lernstatt, Beteiligungsgruppe
k) Lesen von berufsbezogenen Fach- und Sachbüchern oder berufsbezogenen Fach- und Spezialzeitschriften am Arbeitsplatz
l) Supervision am Arbeitsplatz oder Coaching
m) Systematischer Arbeitsplatzwechsel (z. B. job-rotation)

Was ist aus Unternehmenssicht der Nutzen des informellen Lernens? Mitarbeiter, die informelles Lernen anwenden, können sich besser an neue Situationen anpassen (de Grip 2015), in unterschiedlichsten Aufgabenfeldern eingesetzt werden und Fehler nutzen, um ihre persönliche Entwicklung voranzubringen (Harteis et al. 2008). Informelles Lernen steht in einem Zusammenhang mit Arbeitszufriedenheit (Jeon und Kim 2012) und sogar Gesundheit (Žnidaršič 2012).

Dies alles zeigt, dass Unternehmen einen Fokus darauf setzen sollten, informelles Lernen für ihre Mitarbeiter zu fördern. Allerdings stellt sich die Frage, wie genau dies geschehen soll. Die aktuelle Forschung zum Thema ist derzeit zwar sehr breit gefächert, bietet aber noch wenig Möglichkeiten, verschiedene Faktoren hinsichtlich ihrer Effektivität zu vergleichen und damit konkrete, belastbare Handlungsoptionen zu bieten.

Dies liegt nicht zuletzt daran, dass das Thema informelles Lernen nicht leicht zu erforschen ist. Kleinert und Matthes (2010) weisen darauf hin, dass bereits die Messung von informellem Lernverhalten nicht ohne Weiteres möglich ist, da es durchaus auch unbewusst geschehen kann und sich daher Mitarbeiter nicht unbedingt an ihr Lernverhalten erinnern. Marsick und Watkins (1990, S. 25) bezeichnen dies als „die chaotische Natur der Realität", die „sich nicht so einfach in die wissenschaftliche Sterilität von Laborsituationen gießen lässt". Die Förderung von informellem Lernen bedeutet also in einem ersten Schritt, überhaupt eine Sensibilität für dieses Thema zu wecken.

Aus wissenschaftlicher Sicht gibt es noch einen weiteren Grund, warum quantifizierbare Aussagen über informelles Lernen nicht so einfach zu treffen sind: Die Forschungsrichtung ist noch vergleichsweise jung und war in ihren ersten Jahren stark durch qualitative Arbeiten geprägt (Kyndt et al. 2014). Damit konnten zwar grundsätzliche Zusammenhänge beschrieben, jedoch keine Aussagen über ihre Stärke getroffen werden. Marsick und Watkins (1990, S. 30) konstatierten sogar, informelles Lernen lasse sich per se nicht fördern, da es „ohne große externe Förderung oder Struktur" stattfände.

Die Förderung von informellem Lernen ist außerdem ein Forschungsthema, das nicht einfach Erkenntnisse zum formellen Lernen 1:1 auf sich selbst übertragen kann. Dies liegt in der komplett unterschiedlichen Strukturierung beider Lernformen begründet – van Merrienboer et al. (2009) betonen, dass lebenslanges Lernen nicht mit lebenslanger Weiterbildung gleichzusetzen sei. Der Hauptunterschied besteht darin, dass beim informellen Lernen der Lernende den Prozess selbst strukturiert und quasi alle lernbezogenen Entscheidungen (Methode, Zeitpunkt, Anzahl der Wiederholungen, …) selbst zu treffen hat.

An diesem Punkt setzt unsere Toolbox an, um Lernenden und Unternehmen die Werkzeuge an die Hand zu geben, mit der sich effektives Lernen am Arbeitsplatz optimal umsetzen lässt. Dabei nimmt es quasi eine Vogelperspektive ein, da informelles Lernen weniger von konkreten Lerntechniken (z. B. Auswendiglernen) profitiert, sondern von übergreifenden Kompetenzen (z. B. Selbstwirksamkeit). Die Toolbox wirkt auf mehreren Ebenen – es bietet Maßnahmen sowohl für den Lernenden selbst als auch für eine optimale Gestaltung des Umfeldes.

Literatur

Anguera, J., Boccanfuso, J., Rintoul, J., Al-Hashimi, O., Faraji, F., Janowich, J., Kong, E., Larraburo, Y., Rolle, C., Johnston, E., & Gazzaley, A. (2013). Video game training enhances cognitive control in older adults. *Nature, 501*(7465), 97–101.

Literatur

Anxo, D., Ericson, T., & Jolivet, A. (2012). Working longer in European countries: Underestimated and unexpected effects. *International Journal of Manpower, 33*(6), 612–628.

Bender, S.-F. (2010). Age Diversity: Wertschätzung statt Abwertung älterer Arbeitnehmerinnen und Arbeitnehmer? In K. Brauer & W. Clemens (Hrsg.), *Zu alt? „Ageism" und Altersdiskriminierung auf Arbeitsmärkten* (S. 171–186). Wien: VS.

Bloom, D. E., & Canning, D. (2004). Global demographic change: Dimensions and economic significance. NBER Working paper No. 10817. http://www.nber.org/papers/w10817.

Boyer, S. L., Edmondson, D. R., Artis, A. B., & Fleming, D. (2014). Self-directed learning: A tool for lifelong learning. *Journal of Marketing Education, 36*(1), 20–32.

ddn. (2016a). Demographie-Fakten. http://demographie-netzwerk.de/demographie-fakten.html.

ddn. (2016b). Erwartete Folgen des demografischen Wandels. http://www.demographienetzwerk.de/fileadmin/content/fakten/Graph10_Links_Folgen_Wirtschaftszweig.png.

Freund, A. M., Li, K. Z., & Baltes, P. B. (1999). *Successful development and aging: The role of selection, optimization, and compensation.* Thousand Oaks: Sage.

Grip, A. de (2015). The importance of informal learning at work. *IZA World of Labor, 162,* 1–10. http://wol.iza.org/articles/importance-of-informal-learning-at-work/long.

Harteis, C., Bauer, J., & Gruber, H. (2008). The culture of learning from mistakes: How employees handle mistakes in everyday work. *International Journal of Educational Research, 47*(4), 223–231.

Hernandez, D. J. (2004). Demographic change and the life circumstances of immigrant families. *The Future of Children, 14,* 17–47.

Huss, S. & Kölbl, K. (2006). Alters- und gendersensible Didaktik in der betrieblichen Weiterbildung. www.uni-klu.ac.at/ifeb/eb/produkte_gps/06_11_literaturstudie_neu.pdf.

Institut für Arbeitsmarkt- und Berufsforschung. (2011). iab-Kurzbericht. http://doku.iab.de/kurzber/2011/kb1611.pdf.

Jeon, K. S., & Kim, K. (2012). How do organizational and task factors influence informal learning in the workplace? *Human Resource Development International, 15*(2), 209–226.

Kleinert, C. & Matthes, B. (2010). Forschungsfeld „Lebenslanges Lernen". Mit neuen Daten Wissenslücken schließen. IAB-Forum 1/2010. http://doku.iab.de/forum/2010/Forum1-2010_Kleinert_Matthes.pdf.

Kuwan, H. et al. (2006). Berichtssystem Weiterbildung IX. Integrierter Gesamtbericht zur Weiterbildungssituation in Deutschland. Durchgeführt im Auftrag des Bundesministeriums für Bildung und Forschung. Berlin. www.bmbf.de/pub/berichtssystem_weiterbildung_9.pdf.

Kyndt, E., Govaerts, N., Verbeek, E., & Dochy, F. (2014). Development and validation of a questionnaire on informal workplace learning outcomes: A study among socio-educational care workers. *British Journal of Social Work, 44*(8), 2391–2410.

Li, S., Schmiedek, F., Huxhold, O., Röcke, C., Smith, J., & Lindenberger, U. (2008). Working memory plasticity in old age: Practice gain, transfer, and maintenance. *Psychology and Aging, 23*(4), 731–742.

Malcolm, J., Hodkinson, P., & Colley, H. (2003). The interrelationships between informal and formal learning. *Journal of Workplace Learning, 15*(7/8), 313–318.

Manuti, A., Pastore, S., Scardigno, A. F., Giancaspro, M. L., & Morciano, D. (2015). Formal and informal learning in the workplace: A research review. *International Journal of Training and Development, 19*(1), 1–17.

Marsick, V. (2006). Informal strategic learning in the workplace. In J. N. Streumer (Hrsg.), *Work-related learning* (S. 51–69). Berlin: Springer.

Marsick, V. J., & Watkins, K. E. (1990). *Informal and incidental learning in the workplace.* London: Routledge.

Muis, K. R. (2007). The role of epistemic beliefs in self-regulated learning. *Educational Psychologist, 42*(3), 173–190.

Ng, T. W., & Feldman, D. C. (2008). The relationship of age to ten dimensions of job performance. *Journal of Applied Psychology, 93*(2), 392–423.

Nikolova, I., Ruysseveldt, J. van, Witte, H. de, & Syroit, J. (2014). Work-based learning: Development and validation of a scale measuring the learning potential of the workplace (LPW). *Journal of Vocational Behavior, 84*(1), 1–10.

Raemdonck, I., Leeden, R. van der, Valcke, M., Segers, M., & Thijssen, J. (2012). Predictors of self-directed learning for low-qualified employees: A multi-level analysis. *European Journal of Training & Development, 36*(6), 572–591.

Regan, E., & Delaney, C. (2011). Brave new workplace: The impact of technology on location and job structures. In M. Malloch (Hrsg.), *The SAGE handbook of workplace Learning* (S. 431–442). London: Sage.

Reiners, D. (2010). Qualifizierung Älterer – Altes Hirn, was heißt das schon? In Marie-Luise und Ernst Becker-Stiftung (2010). Gesundheit, Motivation und Qualifikation älterer Arbeitnehmer – messen und beeinflussen, S. 92–96. http://www.becker-stiftung.de/wp-content/uploads/2013/11/Tagungsband2009_web.pdf.

Schreurs, B., Emmerik, H. van, De Cuyper, N., Notelaers, G., & De Witte, H. (2010). Job demands-resources and early retirement intention: Differences between blue-and white-collar workers. *Economic and Industrial Democracy, 32*(1), 47–68.

Sproß, C. & Trübswetter, P. (2012). Deutschland im internationalen Vergleich. In H. Brücker, S. Klinger, J. Möller, & U. Walwei (Hrsg.), Handbuch Arbeitsmarkt 2013: Analysen, Daten, Fakten. http://doku.iab.de/bibliothek/2012/334_HBA2013/2012_334_Bibliothek_HBA2013_Datenanhang.pdf.

Stern, E., & Sommerlad, E. (1999). *Workplace learning, culture and performance.* London: Institute of Personnel & Development.

Van Merriënboer, J., Kirschner, P. A., Paas, F., Sloep, P. B., & Caniels, M. (2009). Towards an integrated approach for research on lifelong learning. *Educational Technology Magazine: The Magazine for Managers of Change in Education, 49*(3), 3–15.

Naegele, G. & Frerichs, F. (o. J.) Das Arbeitspotenzial älterer Mitarbeiterinnen und Mitarbeiter im Betrieb. http://www.forum-seniorenarbeit.de/showobject.phtml?La=1&object=tx%7C373.862.1

Žnidaršič, J. (2012). Continuous education of older employees: Cost or benefit? *The International Business & Economics Research Journal (Online), 11*(8), 911–920.

Was ist Lernkompetenz? 2

> **Zusammenfassung**
> Das Kapitel stellt eine Definition von Lernkompetenz im Zusammenhang des informellen Lernens am Arbeitsplatz vor. Es gleicht diese mit dem aktuellen Forschungsstand zum Thema ab.

2.1 Lernkompetenz als arbeitsbezogene Schlüsselfertigkeit

Lernen in der Schule und arbeitsplatzbezogenes, informelles Lernen weisen große Unterschiede auf. Heutzutage ist es selbstverständlich, dass Lernen nach der Ausbildung weitergeht, dass Mitarbeiter sich immer wieder an neue Situationen anpassen müssen, dass ihr Wissen veraltet und dass sich die Rahmenbedingungen ändern. Während das Lernen innerhalb der Schulzeit darauf abzielt, ein breit gefächertes Allgemeinwissen zu erwerben – ohne dass die Anwendung ständig im Vordergrund steht – ist arbeitsplatzbezogenes Lernen eine Reaktion auf aktuelle Situationen und einen spontanen Bedarf. Die korrekte Anwendung des Wissens, um die Arbeitsaufgabe qualitativ hochwertig zu erfüllen, ist hier wesentliches Ziel (Stamov Roßnagel 2010). Dieses Lernen ist also wesentlich stärker kontextbezogen (Hoidn 2010).

Für diese Form des Lernens ist es in besonderem Maße ausschlaggebend, dass der Mitarbeiter *lernfähig* ist, da er den Prozess größtenteils selbst strukturiert. Wir sehen **Lernkompetenz als die Fähigkeit, selbstständig und effektiv zu lernen.** Die Selbstständigkeit betont dabei die Eigenverantwortung des Lernenden während des gesamten Prozesses: Er muss

- Lernbedarfe erkennen
- das eigene Lernen planen
- mit effektiven Methoden lernen
- das Gelernte anwenden und den Lernerfolg überprüfen.

Die Effektivität spielt hierbei ebenfalls eine große Rolle: Ein Lernender muss die Methode sowohl auf den Lernstoff als auch auf die eigenen Vorlieben hin auswählen und ggf. anpassen können.

Laut Hofmann (2008, S. 177) sind hierfür folgende Haltungen ausschlaggebend:

- Eigenmotivation und Durchhaltevermögen auch bei Schwierigkeiten
- Bereitschaft für Entwicklung und Veränderung
- Selbstbewusstsein
- eine positive Haltung gegenüber Lernen
- Bereitschaft, andere beim Lernen zu motivieren und zu unterstützen oder von anderen Hilfe zu erfragen.

Laut Stamov Roßnagel et al. (2008) umfasst Lernkompetenz die folgenden Ebenen:

- Lernstrategien: Organisation von Lernmaterial, Techniken zum Aneignen von Wissen
- Lernkontrolle: Ziele setzen und überprüfen
- Lernorientierung: Motivation zu lernen, positive Einschätzung der eigenen Lernfähigkeit.

Dieses Modell liegt dem Lernkompetenztraining zugrunde, das wir später vorstellen werden. Wir ergänzen es um die Lernsensibilisierung, d. h. die Fähigkeit, eine Lernsituation als solche überhaupt zu erkennen. In Abschn. 4.1 erklären wir die Umsetzung eines Lernkompetenzmodells als Online-Messtool.

Literatur

Hofmann, P. (2008). Learning to learn: A key-competence for all adults? *Convergence, 41*(2/3), 173–181.
Hoidn, S. (2010). *Lernkompetenzen an Hochschulen fördern*. Berlin: Springer.

Stamov Roßnagel, C., Picard, M., & Voelpel, S. (2008). Lernen jenseits der 40. Learning at the age of over 40. *Personal, 60*(4), 40–42.

Stamov Roßnagel, C. (2010). Was Hänschen nicht lernt...? Von (falschen) Altersstereotypen zum (echten) Lernkompetenzmangel. In K. Rauer & W. Clemens (Hrsg.), *Zu alt? „Ageism" und Altersdiskriminierung auf Arbeitsmärkten* (S. 187–204). Wien: VS.

Baseline-Fragebogenerhebung 3

> **Zusammenfassung**
> Eine Befragung von 816 Mitarbeitern ergab wichtige Ansatzpunkte, an welchen Stellen Lernen gefördert werden kann. Die Führungskraft besitzt hier einen Schlüssel als Lernermöglicher. Sie kann sowohl förderliche Teamstrukturen schaffen als auch mit dem Einzelnen arbeiten. Im Team ist es wichtig, dass ein Austausch darüber besteht, wie der Einzelne mit seinen Kompetenzen geschätzt wird. Ältere Kollegen sind gerade durch ihre langjährige Erfahrung eine Bereicherung.

Ausgangspunkt für die Erstellung der Toolbox war eine Fragebogenerhebung bei ArcelorMittal Bremen. Damit verfolgten wir das Ziel, uns einen Überblick zu verschaffen, welche Themen im Zusammenhang mit der Förderung von Lernen wichtig sind und welche Aspekte unsere Tools beinhalten sollten. Gerade zu Mitarbeitern im Produktionsbereich gibt es hier noch keine wissenschaftlichen Erkenntnisse.

An dieser Baseline-Erhebung nahmen 816 Kollegen teil. Sie wurden zu unterschiedlichen Themen befragt, die teils einen sehr starken Bezug zum Lernverhalten haben (z. B. Lernmotivation, Lernstrategien, Feedback), aber auch zu anderen Aspekten, die mit Lernen in einem mittelbaren Zusammenhang stehen (z. B. Unterstützung durch Führungskräfte, Altersklima, arbeitsplatzbezogene Belastungen). Alle Fragen konnten auf einer Skala von 1 („stimmt nicht") bis 4 („stimmt genau") beantwortet werden.

Im Folgenden stellen wir einige markante Ergebnisse aus dieser ersten Erhebung vor.

3.1 Voraussetzungen für informelles Lernen am Arbeitsplatz

Bei einer Betrachtung des Antwortverhaltens insgesamt zeigt sich, dass eine relativ gute Lernmotivation besteht (gemessen mit dem „Fragebogen zur aktuellen Motivation in Lern- und Leistungssituationen"; Rheinberg et al. 2001). Gefragt wurde nach der Motivation, eine informelle Lernsituation während der Arbeit zu nutzen. Dabei empfinden die Mitarbeiter mit einem Wert von 3,13 eine hohe Erfolgswahrscheinlichkeit und befürchten nur in geringem Maße, dass ihr Lernverhalten einen Misserfolg mit sich bringen wird (Mittelwert 1,95). Auch das Lernverhalten im Rahmen der metakognitiven Kompetenz, d. h. dem Ausmaß, in dem die Mitarbeiter ihr Verhalten planen und sich im Vorhinein Ziele setzen, ist mit einem Mittelwert von 3,26 gut ausgeprägt.

Interessant ist auch, dass die Mitarbeiter sich durch ihre direkten Vorgesetzten (Mittelwert 2,98) stärker unterstützt fühlen als durch die Organisation an sich (Mittelwert 1,67). Vermutlich entsteht diese Sicht dadurch, dass die Teilnahme an allen Weiterbildungsmaßnahmen, die das Unternehmen veranstaltet, durch den direkten Vorgesetzten in die Wege geleitet wird. Die strukturellen Zusammenhänge im Hintergrund sind dem Mitarbeiter unter Umständen nicht geläufig oder nicht von Interesse.

Unterschiede zwischen einzelnen Abteilungen bestehen fast ausschließlich darin, dass die lernbezogenen Themen – Lernklima, Karriereförderung und Feedback durch Vorgesetzte – in den Personalbereichen etwas stärker ausgeprägt sind. Wir vermuten, dass dies der Tatsache geschuldet ist, dass auch die Personalentwicklung in diese Abteilung gehört und dort das Thema Lernen im Arbeitsalltag präsenter ist als in den Produktionsbereichen.

Interessant ist ein Vergleich zwischen Mitarbeitern mit und ohne Führungsverantwortung. Führungskräfte sind im Schnitt zwei Jahre länger bei ArcelorMittal Bremen beschäftigt (20 statt 18 Jahre). Sie berichten von höheren emotionalen Arbeitsanforderungen (Mittelwert 2,71 im Vergleich zu 2,49), aber auch über mehr Feedback (Mittelwert 2,62 im Vergleich zu 2,47) und mehr Lerngelegenheiten (Mittelwert 3,22 im Vergleich zu 2,98). Sie fühlen sich durch ihre eigenen Vorgesetzten etwas mehr unterstützt (Mittelwert 2,54 im Vergleich zu 2,37).

Bei der Betrachtung der Fragen zur Unterstützung durch Vorgesetzte (Kidd und Smewing 2001) fällt auf, dass 5 % der Mitarbeiter sich zu wenig unterstützt fühlen. Vergleicht man diese Gruppe mit den 5 %, die die Unterstützung als optimal empfinden, ergeben sich folgende Gruppenunterschiede: Die Kollegen, die die Unterstützung besonders hoch einstufen, berichteten auch von

3.1 Voraussetzungen für informelles Lernen am Arbeitsplatz

- einem besseren Lernklima (+ 1,12)
- einer höheren Lernmotivation (+ 0,27)
- einem besseren Altersklima (+ 0,37)
- mehr Lerngelegenheiten (+ 0,28)

Dies liefert einen weiteren Hinweis darauf, wie ausschlaggebend die Führungskraft als Lernermöglicher ist. Außerdem war der Vergleich zwischen der empfundenen Unterstützung durch Führungskräfte und der formellen Weiterbildung interessant: Im Fragebogen sollten die Mitarbeiter angeben, wie lange ihre letzte Schulung zurückliegt. Es ist an dieser Stelle wichtig zu betonen, dass kein Abgleich mit tatsächlichen Weiterbildungsdaten vorgenommen wurde, sondern wir uns nur darauf konzentrieren wollten, welche Maßnahme die Mitarbeiter als zielführende Weiterbildung empfanden und woran sie sich erinnerten. Die Zahlen geben also nicht die tatsächliche Weiterbildungsrate wieder, sondern eher „die letzte gefühlte Weiterbildung". Die Frage wurde zu einem Zeitpunkt gestellt, in dem die allgemeine Policy bestand, dass pro Team mindestens 40 h Weiterbildung pro Vollzeitstelle (nicht pro Person) pro Jahr geschehen sollten. Diese Zahl wurde im betreffenden Jahr mit 50 h sogar noch übertroffen.

Demnach müssten quasi alle Mitarbeiter berichten, dass ihre letzte Weiterbildung im letzten Jahr geschehen ist. Unterteilt man nun die Antworten in zwei Gruppen – „das letzte formelle Lernen war im letzten Jahr" und „es ist länger als ein Jahr her" – zeigt sich, dass die Gruppe der Verwaltungsmitarbeiter, deren Weiterbildung länger zurückliegt, sich wesentlich weniger von ihrem Vorgesetzten unterstützt fühlt (siehe Abb. 3.1).

Die Fragen zur Skala „Unterstützung durch Führungskräfte" bezogen sich dabei gar nicht ausschließlich auf das Thema Lernen, sondern waren etwas allgemeiner gehalten. Daraus schließen wir, dass gerade im Verwaltungsbereich eine als unterstützend erlebte Führungskraft eine Person ist, die ihren Mitarbeitern eher eine gewinnbringende Weiterbildung ermöglicht. Dieses Ergebnis kann damit in Zusammenhang stehen, dass Produktionsmitarbeiter stärker von informellem Lernen profitieren (Gustavsson 2007) und Verwaltungsmitarbeiter dies möglicherweise durch formelles Lernen kompensieren.

Da das Projekt auch ältere Mitarbeiter, ihre Wahrnehmungen und ihre Lernbedürfnisse im Fokus hat, ist eine Betrachtung des Altersklimas interessant. Das Altersklima ist ein Konstrukt, das misst, wie positiv ältere Kollegen wahrgenommen werden. Dabei unterteilt es sich in die Themen Fähigkeit und Zuverlässigkeit (Noack 2009). Als „ältere Kollegen" definierten wir alle Kollegen ab 55 Jahren, weil dies einer Quote von 10 % der Belegschaft entsprach und wir hauptsächlich

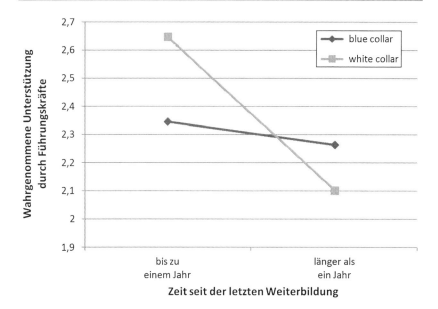

Abb. 3.1 Zusammenhang Unterstützung durch Führungskräfte und Zeit seit der letzten Weiterbildung

an einer Einschätzung der Außenwahrnehmung interessiert waren, d. h. über eine Bewertung, die Kollegen über eine Gruppe abgaben, zu der sie selbst nicht gehörten. Eine Grenze von 55 Jahren hätte 30 % der Beschäftigten umfasst.

Eine Betrachtung der Gesamtstichprobe ergibt, dass ältere Kollegen etwas zuverlässiger (Mittelwert 3,15) als fähiger (Mittelwert 2,38) eingeschätzt werden. Wir erklären dies mit dem Intelligenzmodell von Cattell (1963), der Intelligenz in die Unterklassen „flüssig" und „kristallin" unterteilt. Flüssige Intelligenz ist genetisch vorbestimmt und umfasst Fähigkeiten wie Arbeitsgeschwindigkeit oder Auffassungsgabe. Sie baut sich bis ins frühe Erwachsenenalter auf und nimmt danach ab. Kristalline Intelligenz besteht aus allen Erfahrungen und erlernten Fertigkeiten, die im Laufe des Lebens zusammenkommen – beispielsweise Rechnen, Radfahren oder Kochen. Dieser Aspekt kann auch als „Lebenserfahrung" oder „Lebensweisheit" verstanden werden. Er baut sich bis ins Erwachsenenalter auf und nimmt danach immer noch leicht zu (Cattell 1963).

Das, was die Mitarbeiter also als „Fähigkeit" ihrer älteren Kollegen bewertet haben, entspricht wahrscheinlich der flüssigen Intelligenz. Gerade in einem Produktionskontext ist es nachvollziehbar, dass bestimmte Fähigkeiten, die hierunter fallen, im Laufe des Erwerbslebens abnehmen – beispielsweise schweres Tragen oder eine schnelle Reaktion. Die Erfahrung, die die Kollegen mit der Zeit gesammelt haben – die kristalline Intelligenz bzw. ihre Zuverlässigkeit – ist etwas, das sie im Team mit Gewinn für alle einbringen können und was den Produktionsprozess fördert. Hier liegt eine große Stärke der älteren Kollegen, die jüngere Kollegen mit weniger Erfahrung schlicht nicht besitzen.

In einer früheren Publikation haben wir berichtet, dass sich die Bewertung des Altersklimas in verschiedenen Abteilungen und Altersgruppen unterscheidet (Loos 2015). In einigen Abteilungen schätzen die jungen Kollegen das Altersklima wesentlich höher ein als die älteren. Zwei Dinge sind hier interessant:

- Der Unterschied zwischen den beiden Altersgruppen weist darauf hin, dass die jüngeren Kollegen (20–35 Jahre) die älteren sehr schätzen, ihnen dies aber nicht kommunizieren, da die älteren ja das Altersklima schlechter einschätzen. Dies liefert einen guten Ansatzpunkt für Dialog innerhalb unserer Lern-Toolbox, um Lernen im Team zu fördern – und auch, um die älteren Kollegen zu motivieren.
- Der hier erwähnte Befund zeigt sich vor allem in denjenigen Abteilungen, in denen Erfahrung eine große Rolle spielt. Das Bedienen komplexer Anlagen und die richtige Reaktion im Störungsfall erfordern eine langjährige Erfahrung, die man nicht ohne Weiteres aus Büchern lernen kann. Die älteren Kollegen können hier adäquat reagieren und die jüngeren Kollegen einarbeiten, was letztere schätzen – ein weiteres Anwendungsbeispiel für den Nutzen informeller Lernformen.

Die Baseline-Erhebung lieferte also einige erwartete und andere unerwartete Ansatzpunkte, die in die Konzeption unserer Toolbox einflossen. Wie genau wir die Erkenntnisse umgesetzt haben, beschreiben die folgenden Kapitel.

Literatur

Cattell, R. B. (1963). Theory of fluid and crystallized intelligence: A critical experiment. *Journal of Educational Psychology, 54*(1), 1–22.
Gustavsson, M. (2007). The potential for learning in industrial work. *Journal of Workplace Learning, 19*(7), 453–463.
Kidd, J., & Smewing, C. (2001). The role of the supervisor in career and organizational commitment. *European Journal of Work and Organizational Psychology, 10*(1), 25–40.

Loos, J. (2015). Lebenslanges Lernen im demografischen Wandel. HR Round Table News, September 2015, 20–21. www.hr-roundtable.de/fileadmin/user_upload/PDF_Download/2015/Q3/HRRT-News_Q32015_web.pdf.

Noack, C. M. G. (2009). Age climate: Age stereotypes in organizations and older workers Doctoral dissertation, Jacobs University Bremen. https://opus.jacobs-university.de/frontdoor/index/index/docId/297.

Rheinberg, F., Vollmeyer, R., & Burns, B. D. (2001). FAM: Ein Fragebogen zur Erfassung aktueller Motivation in Lern-und Leistungssituationen. *Diagnostica, 47*(2), 57–66.

Tool A: Onlinetool zur Messung von Lernkompetenz

> **Zusammenfassung**
> Das Onlinetool kann von jedem PC-nutzenden Mitarbeiter bedient werden. Es gibt anonym eine Zusammenfassung darüber, wie er im Bereich Lernen aktuell aufgestellt ist, wo Stärken und wo Entwicklungsmöglichkeiten liegen.

4.1 Zielsetzung

Um zu wissen, wie arbeitsplatzbezogenes Lernen für einzelne Mitarbeiter gefördert werden kann, ist zunächst eine individuelle Standortbestimmung notwendig: Was genau bringt dieser Mitarbeiter ein – an Fähigkeiten, Vorerfahrungen, Lernmotivation? Für eine solche Bestandsaufnahme haben wir ein Onlinetool zur Messung von Lernkompetenz entwickelt. Dieses gibt jedem Nutzer eine individuelle Einschätzung zu seiner persönlichen Lernkompetenz. Das Ergebnis wird nicht weitergeleitet (z. B. an den Vorgesetzten), sondern ist anonym angelegt. Das Tool soll auf niedrigschwellige Weise Zugang zum Thema ermöglichen.

Grundlage für das Onlinetool ist ein Auszug aus dem Fragebogen, den wir bereits für die Baseline-Erhebung genutzt hatten. Aus diesem hatten wir die wichtigsten lernbezogenen Skalen ausgewählt (siehe Abb. 4.1). Auf diese Weise ist einerseits eine statistisch hohe Qualität der Skalen gewährleistet, andererseits ist ein Vergleich mit der Baseline-Stichprobe möglich. Das Ziel ist, dem Nutzer eine Rückmeldung darüber zu geben, wie er in den verschiedenen Bereichen aufgestellt ist, wo Stärken und wo Entwicklungsmöglichkeiten liegen.

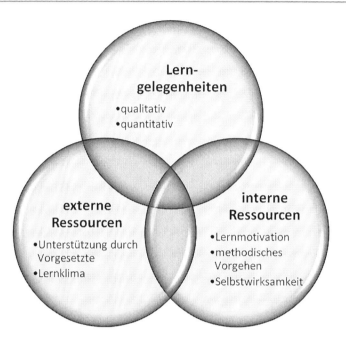

Abb. 4.1 Wichtige Einflussfaktoren für Lernkompetenz

4.2 Ablauf

Der Nutzer gelangt über einen Link im Intranet zur SAS-basierten Eingabemaske. Dort füllt er einen Fragebogen zu den unten erwähnten Themen aus. In der Liste geben wir auch eine Empfehlung, welche wissenschaftlich basierte Skala hier genutzt werden kann.

Interne (personenbezogene) Ressourcen:

- **methodisches Vorgehen:** Grad, in dem der Nutzer bei neuen Lernaufgaben strukturiert vorgeht, sich Ziele setzt und mittelfristig plant
  Skalenvorschlag: Arbeits-, Lern- und Kontrollstrategien-Inventar (Straka et al. 2005)
- **berufsbezogene Selbstwirksamkeit:** Vertrauen in die eigenen Fähigkeiten, im Beruf erfolgreich handeln zu können
  Skalenvorschlag: Schyns und von Collani (2002, 2014)

4.2 Ablauf

- **Lernmotivation:** Motivation, informelle Lernsituationen für die persönliche Weiterentwicklung zu nutzen
  Skalenvorschlag: FAM – Fragebogen zur aktuellen Motivation in Lern- und Leistungssituationen; Unterskalen Herausforderung und Interesse (Rheinberg et al. 2001)

Externe (umfeldbezogene) Ressourcen:

- **Unterstützung durch Vorgesetzte:** Grad, in dem der Vorgesetzte den Mitarbeiter zum Lernen ermutigt, mit ihm gemeinsam Wachstumsziele setzt und realistisches Feedback gibt
  Skalenvorschlag: Kidd und Smewing (2001)

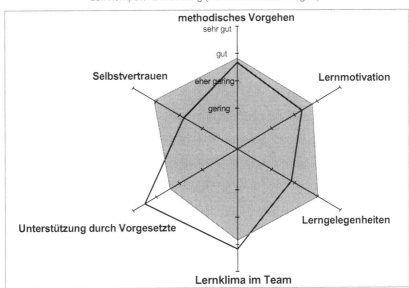

Abb. 4.2 Grafischer Output des Onlinetools zur Messung von Lernkompetenz

- **Lernklima im Team:** Stellenwert des Themas Lernen im Team, Maß, in dem es positive Reaktionen auf Lernverhalten gibt
  Skalenvorschlag: Tracey und Tews (2005)
- **Lerngelegenheiten:** Grad, in dem der Nutzer im Arbeitsalltag mit Neuem konfrontiert ist
  Skalenvorschlag: FLMA, Richter und Wardanjan (2010)

Nachdem er alles ausgefüllt hat, erhält der Nutzer sowohl grafisch als auch textbasiert eine Rückmeldung, die das Programm aus Textbausteinen erstellt (siehe Abb. 4.2 und 4.3). Seine Ergebnisse werden in einen Zusammenhang mit der Baseline-Erhebung gebracht, sodass der Nutzer erfahren kann, ob seine Werte über oder unter dem Unternehmensdurchschnitt liegen. Ab einer Abweichung von einer Standardabweichung wird sein Wert als nicht mehr durchschnittlich erkannt.

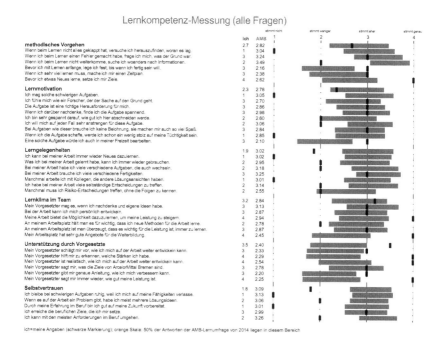

Abb. 4.3 Onlinetool: Übersicht zu den einzelnen Fragen

> **So sieht's aus: Rückmeldung zu Ihrer aktuellen Lernkompetenz**
>
> Allgemein
> Ihre Arbeit bietet recht wenig Lerngelegenheiten im Arbeitsalltag.
> Sie sind motiviert, Lerngelegenheiten zu nutzen.
> Für das Lernen gehen Sie strukturiert und zielgerichtet vor.
> Beim Lernen sind nicht nur Ihre persönlichen Fähigkeiten entscheidend, sondern auch das Umfeld.
> Das Lernklima in Ihrem Team beschreibt, welchen Stellenwert das Thema Lernen für Sie hat.
> Hier zeigt sich, dass Sie das Lernklima als gut einschätzen.
>
> Entwicklungsmöglichkeiten
> Schwierig scheint es für Sie zu sein, dass Ihr Selbstvertrauen bezüglich Lernern etwas zu gering ist.
> Wahrscheinlich steckt mehr in Ihnen, als Sie annehmen!
>
> Besonders hoch schätzen Sie die Unterstützung durch Vorgesetzte ein.
> Ihr Vorgesetzter gibt Ihnen Rückmeldungen und zeigt Ihnen, wo Sie sich weiterentwickeln können.
>
> Unser Angebot für Sie
> Selbstständig und effektiv lernen hilft, schnell mit neuen Situationen vertraut zu werden und Arbeitsabläufe zu verinnerlichen.
> Mit dem Wissen, welche Wege zum Ziel führen, vermeiden Sie Frust. Das hilft auch, Entwicklungschancen zu erkennen.
> Wenn Sie Ihr Vorgehen beim Lernen verbessern möchten, bietet PPE Ihnen eine kompetente und vertrauliche Lernberatung.

Abb. 4.4 Output des Onlinetools zur Messung von Lernkompetenz

Die textbasierte Rückmeldung enthält auch Tipps für weitergehende Interventionen wie beispielsweise die Lernberatung (Abb. 4.4). Dieses Angebot ist unverbindlich und lediglich als Information gedacht. Den gesamten Output kann der Nutzer als pdf für sich selbst speichern und ausdrucken. Seine Daten werden jedoch unternehmensintern nicht gespeichert und verfallen beim Schließen des Browserfensters.

Nutzer aus unserem Unternehmen nahmen das Onlinetool positiv auf. Ihnen gefiel besonders, dass sie eine individuelle Rückmeldung zu Entwicklungsmöglichkeiten bekamen. Besonders die Anregungen, was nächste Schritte sein könnten und welche Maßnahmen das Unternehmen hier bereithält, waren von Interesse. Aus Sicht der Personalentwicklung handelt es sich um ein niedrigschwelliges, effizientes Instrument, das für das Thema Lernen sensibilisiert und bei der Kommunikation von Weiterbildungsangeboten in diesem Bereich hilft.

Literatur

Kidd, J., & Smewing, C. (2001). The role of the supervisor in career and organizational commitment. *European Journal of Work and Organizational Psychology, 10*(1), 25–40.

Rheinberg, F., Vollmeyer, R., & Burns, B. D. (2001). FAM: Ein Fragebogen zur Erfassung aktueller Motivation in Lern-und Leistungssituationen. *Diagnostica, 47*(2), 57–66.

Richter, F., & Wardanjan, B. (2010). *Die Lernhaltigkeit der Arbeitsaufgabe – Entwicklung und Erprobung eines Fragebogens zu lernrelevanten Merkmalen der Arbeitsaufgabe (FLMA)* (Bd. 229). München: GRIN.

Schyns, B., & Collani, G. von. (2002). A new occupational self-efficacy scale and its relation to personality constructs and organizational variables. *European Journal of Work and Organizational Psychology, 11*(2), 219–241.

Schyns, B., & Collani, G. von. (2014). Berufliche Selbstwirksamkeitserwartung. In D. Danner & A. Glöckner-Rist (Eds.), *Zusammenstellung sozialwissenschaftlicher Items und Skalen*. http://zis.gesis.org.

Straka, G. A., Rosendahl, J., & Kiel, K. (2005). *Arbeits-/Lern- und Kontrollstrategien-Inventar*. Bremen: Universität Bremen.

Tracey, J. B., & Tews, M. J. (2005). Construct validity of a general training climate scale. *Organizational Research Methods, 8*(4), 353–374.

Tool B: Lernkompetenztraining 5

> **Zusammenfassung**
>
> Das Lernkompetenztraining macht Mitarbeiter darin fit, ihre Selbstlernkompetenz optimal zu nutzen. Es zeigt auf, wie informelle Lernsituationen im Arbeitsalltag gestaltet werden können und welche Techniken hier sinnvoll sind.

5.1 Zielsetzung

Das Lernkompetenz-Training soll die Teilnehmer befähigen, selbstständig und effektiv zu lernen. Der Fokus liegt dabei auf informellen Lernsituationen, die während der regulären Arbeit auftreten. Wie oben beschrieben, werden dabei folgende Schwerpunkte gesetzt (siehe auch Abb. 5.1):

- **Sensibilisierung:** Die Teilnehmer sollen Lernsituationen erkennen und im Anschluss auch nutzen können. Dabei ist es wichtig, den eigenen Lernstil zu kennen.
- **Lerntechniken:** Zur Lernkompetenz gehört es auch, die Grundlagen effektiven Lernens zu kennen (z. B. Wiederholung). Die konkreten Techniken treten bei einer Konzentration auf informelles Lernen allerdings eher in den Hintergrund.
- **Lernkontrolle:** Ein Schwerpunkt liegt darauf, Ziele zu setzen und zu überprüfen. Hilfreich sind auch Ansätze zur Förderung der metakognitiven Kompetenz, damit die Teilnehmer Lernprozesse aktiv und bewusst planen und strukturieren können.
- **Lernmotivation:** Lernmotivation ist nach Stamov Roßnagel (2010) der zentrale Ansatzpunkt, der Lernen ermöglicht oder verhindert. Daher gehört es zu

Abb. 5.1 Schwerpunkte beim Training zur Förderung von Lernkompetenz

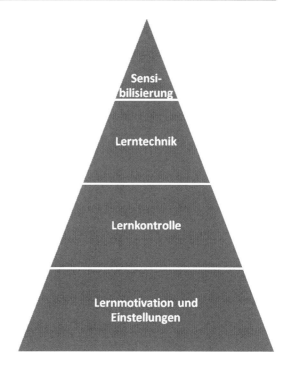

den Inhalten des Trainings, dass die Teilnehmer ihre Einstellungen überdenken, die bremsen könnten (Ich bin zu… um…). Sie sollen Alternativen finden und anwenden.

Diese Punkte werden wir im Folgenden noch vertiefen, nachdem wir die Struktur des Trainings vorgestellt haben.

Die Inhalte des Trainings bestehen aus verschiedenen Modulen. Einige davon werden auf jeden Fall behandelt, andere nur dann, wenn die Teilnehmer entsprechenden Bedarf haben. So wird sichergestellt, dass das Training genau da ansetzt, wo die Teilnehmer es brauchen, und sich nach ihren aktuellen Lernaufgaben richtet.

Zur Zielgruppe gehören insbesondere Mitarbeiter, die aus verschiedenen Gründen Schwierigkeiten mit dem Lernen haben, zum Beispiel:

- lange Lernstillstandszeiten, d. h. mehrere Jahre ohne formelle Weiterbildung
- wenig strukturelles Wissen zu effizienter Gestaltung von Lernprozessen

- mangelnde Fähigkeit, aus metakognitiver Perspektive ihre Lernprozesse zu beleuchten (Blick auf das Wie, nicht auf das Was)
- mangelnde Motivation oder hemmende Einstellungen

5.2 Struktur des Trainings

Das Training besteht aus **mehreren kurzen Terminen.** Zwischen diesen Terminen besteht genügend Abstand, um das Erlernte im Alltag anzuwenden oder aktuelle Anliegen zu sammeln.

Mögliche Schemata sind:

- 3 × 3,5 h (mit Pause)
- 4 × 2 h (mit kurzer Pause)

Eine solche Aufteilung soll insbesondere Mitarbeitern aus der Schichtarbeit die Teilnahme ermöglichen. Im Folgenden stellen wir Ansatzpunkte vor, wie genau auf die vier Aspekte von Lernkompetenz eingegangen werden kann (siehe auch Abb. 5.2).

Abb. 5.2 Ablaufschema Lernfitnesstraining

5.3 Sensibilisierung

Bereits 1992 stellte M. Hasselhorn fest, dass Sensibilisierung für Lernsituationen eine wichtige Rolle spielt, um das Lernen effektiv gestalten zu können. Hier ist es wichtig, zunächst eine Lernsituation als solche zu erkennen und sich anschließend – entsprechend der persönlichen metakognitiven Kompetenz – für eine bestimmte Lernmethode zu entscheiden.

Es hat sich gezeigt, dass Mitarbeiter das Thema Lernen nicht notwendigerweise mit ihrem Arbeitsalltag verbinden. Erste Interventionen sollten aus diesem Grund daran ansetzen, über Lernsituationen zu reflektieren. Dabei können folgende Leitfragen genutzt werden:

- Was war Ihr letzter Aha-Moment?
- Wann mussten Sie zuletzt auf der Arbeit eine Lösung für ein Problem finden?
- Wann mussten Sie zuletzt bestehendes Wissen auf eine neue Situation anwenden?

Einen Ansatzpunkt für Reflexionen bietet auch das Modell der epistemologischen Überzeugungen von Schommer (1990). Dies sind Annahmen über das Lernen und die Natur von wissenschaftlicher Erkenntnis. Auf fünf Dimensionen können diese Annahmen sich zwischen einem naiven und einem elaborierten Pol bewegen (siehe Tab. 5.1). Eine gute Lernfähigkeit zeichnet sich dadurch aus, dass der Lernende eher elaborierte Lernüberzeugungen vertritt. Naive Überzeugungen sollten angesprochen, hinterfragt und ggf. im Gruppengespräch verändert werden.

Als Transferaufgabe zur Sensibilisierung verwendeten wir ein „Lern-Bingo" (siehe auch Abb. 5.3): Die Teilnehmer bekommen einen Bogen mit verschiedenen Beispielen für informelle Lernsituationen und sollen im Laufe der folgenden Woche (oder bis zum nächsten Trainingstermin) alle Situationen ankreuzen, die ihnen mindestens einmal begegnet sind. Wie beim klassischen Spiel gelten fünf angekreuzte Felder (waagerecht, senkrecht oder diagonal) als „Bingo" und damit als Gewinn.

In der folgenden Trainingsstunde kann das Lernbingo reflektiert werden zu den Fragen:

- Welche Lernform habe ich besonders häufig gewählt?
- Welche Lernform habe ich besonders selten gewählt? Liegt das daran, dass ich von ihr nicht profitieren würde, oder dass ich dort einen „blinden Fleck" hatte?
- Welche Lernform habe ich letzte Woche zum ersten Mal gewählt?
- Sind meine Lieblings-Lernformen denen der anderen Teilnehmer ähnlich? Wo sind die Unterschiede?

5.3 Sensibilisierung

Tab. 5.1 Epistemologische Überzeugungen. (Nach Schommer 1990)

Themenfeld	Naive Überzeugung	Elaborierte Überzeugung
Wissensquelle	Wissen wird von Fachleuten vermittelt, die unfehlbar sind	Wissen sollte dadurch erworben werden, dass man mehrere Quellen vergleicht und dann Schlussfolgerungen zieht
Sicherheit des Wissens	Erkenntnis ist absolut	Wissen entwickelt sich ständig weiter, zum Beispiel durch Forschung
Wissensstruktur	Man lernt eine Erkenntnis für eine Anwendung	Wissensfelder sind miteinander verknüpft. Erkenntnisse können durch Transfer auch in einem anderen Bereich angewendet werden, zum Beispiel durch Analogien
Kontrolle des Lernens	Lernfähigkeit ist angeboren	Lernfähigkeit kann man durch Übung verbessern
Lerngeschwindigkeit	Lernen geschieht entweder sofort oder gar nicht	Lernen ist ein Prozess. Zu manchen Erkenntnissen muss man sich „durchbeißen"

Kollegen um Rat gefragt	im Internet nachgeschaut	im Team darüber gesprochen	nachgedacht, was ich gerade wie gemacht habe	jemandem etwas erklärt
im Intranet gesucht	eine Lösung für ein Problem gefunden	zwei Quellen verglichen	den Chef gefragt	ein Schaubild gemacht
etwas erklärt bekommen	etwas aufgeschrieben		technische Zeichnung (o. Ähnliches) angesehen	Lernsoftware/ E-Learning benutzt
einen Film zum Thema angesehen	mir ein Ziel gesetzt	einfach probiert	mir etwas zeigen lassen	einen Vortrag gehört
im Handbuch nachgesehen	„Telefonjoker" (jemanden angerufen und gefragt)	irgendwo außerhalb gewesen (z.B. Messe)	ein Handout angesehen	Feedback bekommen

Abb. 5.3 Lern-Bingo (Sensibilisierung für informelle Lernsituationen)

Das „Lern-Bingo" wurde allgemein als humorvolle Möglichkeit aufgenommen, ein Bewusstsein für informelles Lernen im Alltag zu schaffen. Nachdem die Teilnehmer es eine Woche lang genutzt hatten, entstand eine lebhafte Diskussion über die Lernwege, die sie normalerweise gehen, und das, was man neu probieren könnte.

5.4 Lerntechniken

Da informelles Lernen während der Arbeit geschieht, haben die Teilnehmer normalerweise wenig Bedarf danach, konkrete Techniken zu erlernen. Informelles Lernen wird eher dadurch gefördert, dass eine Person sich ihrer Stärken bewusst ist und Prozesse zielgerichtet strukturieren kann.

Hilfreich ist es, die grundsätzliche Funktionsweise des Gehirns zu erklären, damit den Teilnehmern klar ist, wie sie erfolgreiches Lernen gestalten können. Der Schwerpunkt liegt hier nicht auf hirnanatomischen Beschreibungen, sondern auf lernbezogenen Funktionsmechanismen:

Wichtigkeit des Wiederholens Die durch Ebbinghaus bereits 1885 bekannt gewordene Vergessenskurve zeigt sehr klar, dass kürzlich erworbenes Wissen schnell wieder verloren geht, wenn es nicht binnen 24 h wiederholt wird. Wer am Tag nach dem Lernen nur 5 bis 10 min für eine Wiederholung investiert, sorgt dafür, dass das neu erworbene Wissen nachhaltig abgespeichert wird. Andernfalls muss zu einem späteren Zeitpunkt sehr viel mehr Zeit aufgewendet werden, um quasi wieder „bei Null anzufangen".

Kombination verschiedener Modi Wissen, das nur visuell dargeboten wird, wird zu 80 % wieder vergessen. Die Behaltensquote steigert sich jedoch, wenn mehrere Darbietungsformen kombiniert werden – beispielsweise Bild und Ton. Nachhaltiges Lernen besteht jedoch darin, dass der Lernende das Wissen nicht nur passiv aufnimmt, sondern auch aktiv verarbeitet, z. B. durch Diskussion mit anderen. Da für die Wahl einer solchen Lernform eine gewisse Trägheitsschwelle überwunden werden muss, sollte der Trainer auf ihre Effizienz und die damit verbundene Zeitersparnis besonders hinweisen.

Größe der Lerneinheiten Das Gehirn ist in der Lage, sich maximal 7 Elemente auf einmal zu merken (mit einer Abweichung von ±2 Elementen, je nach Veranlagung und Training). Dies bedeutet, dass Lerneinheiten nicht zu groß gewählt werden sollen, damit das Gehirn diese noch „verdauen" kann. Häufig missachten Lernende diese Regel, erleben einen Misserfolg und schlussfolgern dann, dass sie offensichtlich nicht lernfähig seien. Es ist also wichtig, darauf hinzuweisen, dass dies ein Trugschluss ist und dass der Lernerfolg bei kleineren Lerneinheiten wesentlich größer ausfallen wird.

Netzwerknatur des Gehirns Unser Gehirn ist ein Netzwerk aus Nervenzellen und funktioniert auch als Netzwerk, d. h. assoziativ. Die Menge von sieben Elementen pro Lerndurchgang kann wesentlich gesteigert werden, wenn Verknüpfungen zu bereits vorhandenem Wissen hergestellt werden. Beispielsweise lässt sich eine beliebige sechsstellige Nummer schwieriger abspeichern als die Folge „Polizei Feuerwehr", also 110112. Der Transfer in die Praxis ist hier ein ausschlaggebender Punkt, da meist kompliziertere Sachverhalte abgespeichert werden müssen als eine Zahlenfolge.

Lerntechniken individuell anpassen Wer im Internet oder in der bestehenden Literatur nach Lerntechniken sucht, wird schnell fündig. Wichtig ist jedoch, eine Methode nicht um der Methode willen anzuwenden, sondern sie an die aktuellen Bedürfnisse anzupassen – solange die hier genannten Regeln nicht verletzt werden.

Eine Methode, um diese Kompetenzen zu vermitteln, ist die Erörterung eines Negativbeispiels – mit der anschließenden Übertragung ins Positive. Durch die plakative Darstellung fällt es den Teilnehmern leicht, strukturelle Zusammenhänge abzuleiten. Die Negativaspekte können von den Teilnehmern zusammengetragen werden. In anderen Fällen empfiehlt es sich, den Teilnehmern ein Fallbeispiel vorzulegen, das diese dann hinsichtlich der (Nicht-)Anwendung von Lerntechniken auswerten sollen.

> **Fallbeispiel: Lernen – so nicht!**
> Frau Müller muss ihr Englisch aufbessern, um verschiedene neue Aufgaben für die Arbeit erledigen zu können. Sie braucht ein Zertifikat, um ihre Kenntnisse nachzuweisen. Einen Monat vor der Prüfung beginnt sie mit dem Lernen, schafft es aber nur an einem Tag. Danach hat sie einfach zu viel zu tun.
>
> Am Tag vor der Prüfung möchte sie sich weiter vorbereiten. Leider musste sie an dem Tag länger auf der Arbeit bleiben als gedacht, weil ihr Chef noch ein wichtiges Dokument brauchte. Ihr Kind ist krank, und die Babysitterin hat keine Zeit. Darum muss sie zwischendrin immer wieder aufspringen und nach dem weinenden Kind sehen und es beruhigen.
>
> Wenn sie sich hinsetzt, nimmt sie sich die lange Vokabelliste vor und versucht, sich so viele Worte wie möglich auf einmal zu merken. Leider sagen ihr

die Vokabeln gar nichts, sie hatte es vorher nicht geschafft, die Lektion durchzuarbeiten. Sie liest die ganze Seite auf einmal durch und möchte dann alles aufschreiben, woran sie sich erinnert. Sie deckt den Zettel ab und beginnt zu schreiben. Leider fallen ihr nur drei Worte ein.

Als sie sich gerade ins Nachdenken vertiefen will, weint das Kind wieder. Um Zeit zu sparen, verzichtet sie im nächsten Durchgang auf das Schreiben. Irgendwann fällt sie todmüde ins Bett. Am nächsten Tag geht sie zur Prüfung und…

5.5 Lernkontrolle: Metakognitive Kompetenz

Um Lernprozesse effektiv gestalten zu können, muss der Lernende sein eigenes Vorgehen planen, strukturieren und die Zielerreichung überprüfen. Es bietet sich an, dies in der Gruppe zu trainieren. Wir empfehlen dabei, den Begriff „metakognitive Kompetenz" durch „Problemlösen" zu ersetzen, um die Teilnehmer nicht mit einem komplizierten Fremdwort von vornherein abzuschrecken.

Metakognition ist ein essenzielles Mittel, um Lernkompetenz im Arbeitsalltag anzuwenden (Ramage 2014). Es befähigt den Lernenden, beliebiges Lernmaterial so effizient wie möglich zu nutzen (Norman und Furnes 2016). Wir beziehen uns im Folgenden auf das vierstufige Modell von Kaiser und Kaiser (2011), das in der Praxis bereits bewährt ist. Die Bezeichnung „Problemlösen" meint im engeren Sinne dabei nur die vierte Stufe des Modells. Kaiser und Kaiser (2006, S. 34) charakterisieren metakognitive Strategien als „universell einsetzbar, auf ablaufende Denkprozesse gerichtet [und] durch Bewusstmachen und Einüben optimierbar."

Metakognitive Kompetenz kann sich in vier Stufen bzw. Verarbeitungstiefen zeigen:

1. **Wiedererkennen: Aufnehmen von Informationen**
   Dies zeigt sich im Erkennen von Zeichen (z. B. Lesen). Die Information wird ins Kurzzeitgedächtnis aufgenommen und kann 1:1 für das Lösen einer Aufgabe verwendet werden. Ein Beispiel wäre, der Zeittafel an einer Haltestelle zu entnehmen, wann der nächste Bus kommen wird.
2. **Subsumieren: Verbindungen zwischen Informationen herstellen**
   Auf dieser Stufe wird aktuelles Wissen mit Wissen verbunden, das bereits im Langzeitgedächtnis abgespeichert ist, und eine Wenn-Dann-Beziehung hergestellt. Um das Beispiel von oben weiterzuführen: Wenn ich vom Bus in den Zug umsteigen muss, müsste ich bei der Wahl des Busses die Fahrzeit beachten, um pünktlich am Bahnhof zu sein.

3. **Organisieren: Informationen selbst umstrukturieren**
   Auf dieser Stufe werden Informationen in eine neue Form gebracht – beispielsweise, indem man ein Buchkapitel in einer Mindmap zusammenfasst oder eine Zusammenfassung mit eigenen Worten erstellt.
   In der 3. Stufe geschieht ein sog. qualitativer Sprung, da aktive Verarbeitungsstrategien zum Einsatz kommen. Dies ermöglicht aber auch eine größere Verarbeitungstiefe, sodass das Gehirn die Informationen bereits durch die Umstrukturierung abspeichert. Ein klassisches Beispiel ist der sog. Spickzettel, der quasi durch seine Erstellung unnötig wird, da das Gehirn das dort auf engstem Raum zusammengefasste Wissen bereits beim Schreiben nachhaltig abspeichert.
4. **Elaborieren: Erschließen komplexer Zusammenhänge**
   Auf der vierten Stufe werden Beziehungen zwischen unterschiedlichen Informationen hergestellt, es werden Ableitungen gemacht und Vermutungen verifiziert oder falsifiziert. Der Erkenntnisgewinn geht also über den Informationsgehalt des vorliegenden Materials hinaus.

Es bietet sich an, den Teilnehmern zunächst eine Problemlöseübung zu geben, bevor das Modell in der Theorie vorgestellt wird – zum Beispiel diejenige von Duncker (1945): Die Teilnehmer bekommen die Aufgabe, eine brennende Kerze an einer Pinnwand zu befestigen. Ihnen steht eine Reihe von Material zur Verfügung, über dessen Verwendung sie selbst entscheiden können – eine Pinnwand/Metaplanwand, eine kleine Kerze, eine Schachtel Streichhölzer, Reißwecken sowie ablenkendes Material (z. B. Dübel, Bleistift, Zange, ...). Die Lösung besteht darin, die Streichhölzer aus der Schachtel zu nehmen und diese an die Wand zu pinnen. Auf der Schachtel, die als Plattform dient, kann die Kerze angebracht werden.

Durch diesen Schritt lösen die Teilnehmer die sog. funktionelle Gebundenheit auf, d. h. sie lösen sich von der Vorstellung, dass eine Streichholzschachtel nur ein Behältnis für Streichhölzer ist. Sie erkennen, dass man die Schachtel auch außerhalb dieser Funktion benutzen kann – sie übertragen etwas von einem Bereich in einen anderen.

Während der Reflexion sollten die Teilnehmer noch eigene Beispiele nennen, wann sie in Alltagssituationen die funktionelle Gebundenheit aufgelöst haben. Dies bietet eine gute Transfermöglichkeit.

Um Stufe 3 zu verdeutlichen, können die Teilnehmer darüber reflektieren, welche strukturierenden Techniken sie bereits anwenden:

- WAS ist es?
- WARUM ist es nützlich?
- WIE kann ich es anwenden?

Für den letzten Punkt sollen sie jeweils zwei Beispiele finden:

- Wie wende ich es heute schon an?
- Ein anderer Bereich, in dem man es auch anwenden könnte, was ich aber bisher noch nicht gemacht habe

Durch die Diskussion im Plenum bekommen die Teilnehmer Anregungen dafür, wie sie ihr Lernen alternativ gestalten können.

Eine sehr lebenspraktische Umsetzung der Lernkontrolle besteht darin, Ziele zu setzen und sie zu überprüfen und ggf. anzupassen (Stamov Roßnagel 2010). Die Heranführung an das Thema Ziele ermöglicht es auch, von den Teilnehmern Anliegen für das Lernkompetenztraining abzufragen: Wo sehen sie sich jetzt? Wohin möchten sie gelangen? Was brauchen sie dafür?

Ein gut formuliertes Ziel hat folgende Eigenschaften:

S – spezifisch (nicht zu allgemein)
M – messbar (Veränderung muss klar sein: Wann ist das Ziel erreicht?)
A – attraktiv (der Teilnehmer sollte wissen, warum er dieses Ziel verfolgt)
R – realistisch
T – terminiert (bis wann soll es erreicht sein?)

Zu dem festgesetzten Zeitpunkt muss das Ziel überprüft werden: Habe ich es erreicht? Muss ich die Formulierung ändern? Gibt es einen nächsten Schritt, d. h. ein nächstes Ziel?

Nach dem Input zum Thema sollten die Teilnehmer sofort selbst ein Ziel formulieren, das bestenfalls innerhalb des Trainings überprüft werden kann (z. B. „Ich möchte bis Ende des Trainings 20 neue Englischvokabeln aus dem Bereich ‚Essen und Trinken' gelernt haben, damit ich mich im Urlaub gut verständigen kann"). Dies dient als Ausgangspunkt für weitere, zielgerichtete Interventionen im Training.

Den Teilnehmern unsrer Trainings wurde es freigestellt, ob sie sich ein Lernziel im beruflichen oder im privaten Bereich setzen. Es wurde lediglich betont, dass das Beispiel authentisch sein sollte, damit man in den weiteren Terminen darauf aufbauen könne. Einige Teilnehmer machten davon Gebrauch, dass keine

Pflicht bestand, sein Ziel vor der Gruppe zu nennen. Da es immer auch Teilnehmer gab, die ihr Ziel vorlasen, konnte an diesen Punkten weitergearbeitet werden. Eine häufige Frage war, ob das SMART-Ziel in einem Satz oder in mehrere Spiegelstriche unterteilt dargestellt werden sollte. Dies steht den Teilnehmer jedoch frei, da es weniger um den Form als um den Inhalt des Zieles geht.

5.6 Lernmotivation

Lernmotivation zu ändern, ist nicht unbedingt einfach. Es kann sein, dass ein demotivierter Mitarbeiter durch lange zurückliegende, negative Erfahrungen zu seiner Einstellung gekommen ist, durch ein niedriges Selbstvertrauen oder durch wenig Lernanregungen in seinem bisherigen Arbeitsalltag. Ein einfaches „ach, du schaffst das schon" wird wenig an seiner Haltung ändern.

Als Vorgesetzte oder Trainer können wir nicht die Motivation der Mitarbeiter ändern – das müssen diese selbst tun! Ein Ansatz kann lediglich darin bestehen, negative Haltungen anzusprechen, infrage zu stellen und gemeinsam Alternativen zu erarbeiten. Das Training geht an dieser Stelle klar in Richtung Coaching, und es muss abgeklärt werden, inwieweit Anliegen in diesem Rahmen angesprochen werden können oder ob ein Teilnehmer in eine Lern- oder andere Beratung weitervermittelt werden sollte.

Zunächst müssen innere Einstellungen überhaupt an die Oberfläche gebracht werden, denn häufig sind sie nicht bewusst. Hilfreich ist hier beispielsweise das **ABC-Modell** von Beck (1967). Es betont, dass bestimmte Situationen (Auslöser) mit einer emotionalen Konsequenz verbunden sind (z. B. Ärger). Diese Konsequenz erwächst aber nicht aus dem Auslöser selbst, sondern aus unserer persönlichen Bewertung.

Daraus ergibt sich das „ABC-Schema":

A – Auslöser
B – Bewertung
C – Consequences

Dieses Modell kann anhand eines Beispiels vorgestellt werden (Abb. 5.4).

Abb. 5.4 Beispiel ABC-Modell

Bildquelle: clker.com

Stellen Sie sich vor, dass Sie auf dem Weg zur Arbeit einen Crash erleben. Was denken Sie dann?

Auslöser	Crash	
Bewertung	„Der Tag fängt ja gut an. Das hat mir gerade noch gefehlt!"	„Was bin ich erleichtert, dass es nur ein Blechschaden ist!"
Consequence	Ärger	Erleichterung

Ein anderer Weg, sich inneren Haltungen zu nähern, ist die Identifikation von **Attributionsstilen** – ebenfalls eine bewährte Methode aus der Psychologie (siehe z. B. Peterson et al. 1982). Dort geht es darum, welche Eigenschaften die Ursachen haben, die bestimmten Ereignissen zugeschrieben werden. Man fragt zunächst nach einem Beispiel für einen Misserfolg (z. B. eine nicht bestandene Prüfung) und nach der Begründung, die der Teilnehmer für diesen Misserfolg sieht.

Dabei unterscheiden sich zwei Achsen:

- **personenbezogen:** internal vs. external, d. h. hat der Misserfolg mit der Person zu tun oder mit ihrem Umfeld?
- **situationsbezogen:** generell vs. spezifisch, d. h. ist die Ursache ständig vorhanden oder nur in dieser einen Situation?

In der Intervention stellt der Trainer die verschiedenen Stile vor und sucht gemeinsam mit den Teilnehmern Beispiele für jede Zelle in der Tabelle. Diese sollten alle dieselbe Frage beantworten (z. B. „Warum bin ich bei der letzten Prüfung durchgefallen?"). Es ist wichtig, darauf hinzuweisen, dass Bewertungen auch veränderbar sind, denn darin besteht der folgende Interventionsschritt.

Wenn den Teilnehmern nicht sofort ein eigenes Beispiel einfällt, kann auch zunächst mit konstruierten Fallbeispielen gearbeitet werden. Dies kann aber nur eine vorbereitende Übung sein, denn die Anschlussintervention zur Änderung innerer Haltungen muss auf authentischen Beispielen der Teilnehmer basieren. Tab. 5.2 stellt für den Leser ein Anwendungsbeispiel vor.

5.6 Lernmotivation

Tab. 5.2 Anwendungsbeispiel für Attributionsstile

	Intern (ich)	Extern (andere)
Veränderbar (nur jetzt)	Ich war heute schlecht drauf	Es war zu laut, weil neben dem Gebäude eine Baustelle war
Nicht veränderbar (immer)	Ich bin einfach nicht schlau genug	Der Prüfer mag mich nicht. Das Schicksal meint es nicht gut mit mir

> **Beispiel**
> **Fallbeispiel A**
> Demnächst müssen in meiner Abteilung diese neuen Energiebestimmungen realisiert werden. Super – das macht wirklich Sinn und ich bin davon überzeugt, dass wir langfristig davon profitieren. Eigentlich habe ich keine Ahnung von den Bestimmungen. Mein Kollege ist schon viel besser eingearbeitet, aber wenn ich ihm eine Frage stelle, hab ich das Gefühl, er spricht Chinesisch. Da kann man ihn ja auch nicht bei jedem Satz unterbrechen und sagen, dass man etwas nicht verstanden hat! Er ist einfach schlauer als ich. Wahrscheinlich kann ich seinen Wissensvorsprung gar nicht mehr aufholen.
>
> **Fallbeispiel B**
> Ich bin Sekretärin. Jetzt soll ich doch tatsächlich die Assistenz von Herrn G. übernehmen – obwohl der sich mit etwas ganz anderem beschäftigt als meine Abteilung. Da muss ich jetzt auch die neue Software lernen, das schaffe ich nie. Die ist so kompliziert und hat gar nichts mit dem zu tun, was ich vorher gemacht habe. Und was bringt mir das?

In der anschließenden Diskussion können folgende Fragen gestellt werden:

- Erkennen Sie sich in einem der Felder wieder?
- Was würden Sie jemandem raten, der immer nur … denkt?
- Was ist der Vorteil von …?

Wenn auf diese Weise schädliche bzw. irrationale Überzeugungen identifiziert sind, können sie mithilfe der **kognitiven Umstrukturierung** verändert werden (siehe hierzu Stavemann 2008; Wilken 2013). Hierbei handelt es sich um eine Methode, die dabei hilft, negative und hemmende Gedankenmuster zu unterbrechen. Eingefahrene Überzeugungen (z. B. „ich bin zu alt, ich lerne sowieso nichts

Neues mehr dazu") werden behutsam hinterfragt und in positive Botschaften umgewandelt.

Grundsätzlich beinhaltet das Vorgehen die folgenden Schritte:

- Identifikation irrationaler Gedankenmuster und systematischer Denkfehler
- Aufdecken und Infragestellen dieser Überzeugungen (z. B. Realitätscheck)
- Methoden zur Veränderung der Überzeugungen
- Erarbeiten und Einüben zielführender Überzeugungen

In der Praxis nimmt der Trainer einen Beispielsatz der Teilnehmer und hinterfragt diesen. Mit Erlaubnis der Teilnehmer formuliert er diesen um, bis er etwas Positives aussagt. Die Schritte sollten so klein sein, dass der Teilnehmer immer das Gefühl hat, dies sei noch „sein" Satz. Auch die Beachtung individueller Formulierungsvorlieben ist wichtig für die Akzeptanz.

Wilken (2013) nennt vier Grundkategorien von irrationalen Gedankenmustern:

- **absolute Forderungen,** zu denen die eigenen Wünsche und Vorlieben überspitzt werden: „Ich muss das beim ersten Versuch schon fehlerfrei hinbekommen."
- **verallgemeinerte Bewertungen:** einzelne Eindrücke („ich habe … nicht geschafft") werden zu einem allgemeinen Prinzip erhoben („ich bin ein Versager")
- **Katastrophendenken:** „Es darf einfach nicht passieren, dass mir … im richtigen Moment nicht mehr einfällt"
- **niedrige Frustrationstoleranz:** „Es ist eine Schande/nicht auszuhalten, wenn ich … nicht gut genug mache."

Wie können irrationale Gedankenmuster effektiv hinterfragt werden? Stavemann (2008) schlägt vor, die genaue Formulierung anzusehen und dort einen Ansatzpunkt zu finden:

- **Erfahrungswerte:** Der Satz „Ich schaffe es nie, etwas zu lernen" kann durch die Frage nach Vorerfahrungen leicht widerlegt werden.
- **Logik**: Wenn ein Teilnehmer Sachverhalt A („das Lernen von … hat nicht geklapppt") mit einer Begründung B („ich bin zu alt zum Lernen") verknüpft, lässt sich nach Alternativerklärungen fragen.
- **Arbeitsbezogene Konsequenzen**: Sehr negative Einstellungen können daraufhin überprüft werden, wohin sie führen. Der Satz „ich bin zu alt zum Lernen" würde

bedeuten, dass die Person ab sofort nie wieder mit irgendetwas Neuem umgehen kann. Das ist jedoch unlogisch und es lassen sich schnell viele Beispiele finden, in welchem Rahmen Lernen bei älteren Kollegen „immer noch" stattfindet.
- **Personenbezogene Konsequenzen**: Bei dieser Richtung wird danach gefragt, welche Auswirkungen die Einstellung auf das Wohlbefinden und die Integrität der Person haben: Ist diese Einstellung für die weitere Entwicklung/die Ziele des Teilnehmers hilfreich? Welche Vor- und Nachteile hat die Einstellung?

Ein Beispiel:

I. „Ich bin auf jeden Fall zu alt, um etwas Neues zu lernen." (negativer Ausgangssatz)
II. „Ich bin vielleicht zu alt, um etwas Neues zu lernen."
III. „Ich bin vielleicht noch nicht zu alt, um etwas Neues zu lernen."
IV. „Ich bin heute noch nicht zu alt, um etwas Neues zu lernen."
V. „Ich bin nie zu alt, um etwas Neues zu lernen."

Diese Methode braucht Zeit und es kann sein, dass es mehr als einen Termin braucht, bis der Teilnehmer den Sprung von Satz IV. zu Satz V. schafft.

Literatur

Beck, A. T. (1967). *Depression: Causes and treatment*. Philadelphia: University of Pennsylvania Press.
Duncker, K., & Lees, L. S. (1945). On problem-solving. *Psychological Monographs, 58*(5), i–113.
Ebbinghaus, H. (1885). *Über das Gedächtnis. Untersuchungen zur experimentellen Psychologie*. Leipzig: Duncker & Humblot.
Hasselhorn, M. (1992). Metakognition und Lernen. In G. Nold (Hrsg.), *Lernbedingungen und Lernstrategien: Welche Rolle spielen kognitive Verstehensstrukturen?* (S. 35–63). Tübingen: Narr.
Kaiser, A., & Kaiser, R. (2011). Kompetenzerwerb und Leistung im Alter – Bedingungsfaktoren und Effekte. Ergebnisse des Projekts KLASSIK. http://www.die-bonn.de/doks/report/2011-weiterbildungsforschung-06.pdf.
Kaiser, R., & Kaiser, A. (2006). *Denken trainieren – Lernen optimieren. Metakognition als Schlüsselkompetenz* (2., überarbeitete Aufl.). Augsburg: Ziel.
Norman, E., & Furnes, B. (2016). The relationship between metacognitive experiences and learning: Is there a difference between digital and non-digital study media? *Computers in Human Behavior, 54*, 301–309.

Peterson, C., Semmel, A., Von Baeyer, C., Abramson, L. Y., Metalsky, G. I., & Seligman, M. E. (1982). The attributional style questionnaire. *Cognitive Therapy and Research, 6*(3), 287–299.

Ramage, C. (2014). Learning to learn through university accredited work-based learning: A threshold conception. *Journal of Workplace Learning, 26*(8), 488–510.

Schommer, M. (1990). Effects of beliefs about the nature of knowledge on comprehension. *Journal of Educational Psychology, 82,* 498–504.

Stamov Roßnagel, C. (2010). Was Hänschen nicht lernt…? Von (falschen) Altersstereotypen zum (echten) Lernkompetenzmangel. In K. Brauer & W. Clemens (Hrsg.), *Zu alt? „Ageism" und Altersdiskriminierung auf Arbeitsmärkten* (S. 187–204). Wien: VS.

Stavemann, H. H. (Hrsg.). (2008). *KVT-Praxis: Strategien und Leitfäden für die Kognitive Verhaltenstherapie*. Weinheim: Beltz.

Wilken, B. (2013). *Methoden der kognitiven Umstrukturierung*. Stuttgart: Kohlhammer.

Tool C: Berufsbegleitende Lernberatung

> **Zusammenfassung**
> Die Lernberatung hilft Mitarbeitern mit großen Lernprojekten, ihren Lernprozess effizient zu strukturieren und die passenden Lerntechniken richtig anzuwenden. Dabei arbeitet sie direkt mit den authentischen Lernmaterialien, die der Klient mitbringt. Als Coachingprozess dient die Lernberatung auch dazu, dass der Lernende sich seiner Stärken bewusst wird, mit Stress besser umgehen kann und eine hohe Selbstwirksamkeit entwickelt.

6.1 Zielsetzung

Während das Lernkompetenztraining darauf angelegt ist, relativ breit gefächert Kompetenzen zu vermitteln und dabei auch Gruppendynamiken zu nutzen, richtet sich die Lernberatung an Mitarbeiter, die für eine relativ spezifische Lernsituation eine individuelle Lösung erarbeiten wollen. Lernberatung hat zum Ziel, dass der Lernende effizienter und nachhaltiger lernt.

Dabei kommen klassische klientenzentrierte Methoden (z. B. Rogers 1977) zum Einsatz. An anderen Stellen ist die Lernberatung aber auch direktiv und macht – bei Einwilligung des Lernenden – konkrete Vorschläge. Dies ist immer dann der Fall, wenn es um konkrete Vorgehensweisen beim Lernen geht, bei denen bestimmte Regeln beachtet werden müssen, um den Stoff nach Effizienzgesichtspunkten optimal aufzubereiten.

Lernberatung setzt auf der Meta-Ebene an. Sie hilft dem Lernenden, sich allgemeine Strukturen und Verhaltensweisen anzueignen, die sein Lernen begünstigen. Aufgrund dieses Blickwinkels ist es nicht zwingend erforderlich, dass der Beratende sich mit dem Thema des Lernenden auskennt.

Es kann vorkommen, dass die Schwierigkeiten des Lernenden nicht unmittelbar mit dem Thema Lernen zu tun haben, sondern andere Sorgen so viel Aufmerksamkeit fordern, dass sie auf den Bereich des Lernens „ausstrahlen". Lernberatung kann hierauf in begrenztem Maße eingehen. Jeder Beratende steht in der Verantwortung, selbst zu bestimmen, ab wann die Grenze des Konzeptes „Lernberatung" erreicht ist und der Lernende z. B. an einen Therapeuten verwiesen werden sollte.

Lernberatung folgt den folgenden Arbeitsprinzipien:

- **Freiwilligkeit:** Der Lernende selbst entscheidet, ob er eine Lernberatung in Anspruch nimmt, und auch, ob er sie bis zum Ende durchführt.
- **Schweigepflicht des Beraters:** Der Berater darf keinerlei Informationen über die Identität des Lernenden und konkrete Beratungsinhalte weitergeben. Gibt es Vor- und Nachbesprechungen mit dem Vorgesetzten, werden die Inhalte und Themen im Vorfeld mit dem Lernenden abgesprochen.
- **Umsetzungsverantwortung des Lernenden:** Die Aufgabe des Beratenden ist es, den Lernenden dabei zu unterstützen, Antworten auf seine Fragen zu finden. Die Verantwortung für Themenwahl und Umsetzung liegen beim Lernenden. Der Beratende liefert keine fertigen „Rezepte", sondern begleitet den Lernenden dabei, eine individuelle Lösung zu erarbeiten.

6.2 Ablauf einer Lernberatung

Lernberatung im Unternehmen funktioniert nach dem On-demand-Prinzip. Im Vorfeld werden Berater geschult und die Methode beworben. Mitarbeiter, für die ein Beratungsbedarf wahrscheinlich ist, beispielsweise wenn sie gerade berufsbegleitend die Meisterschule absolvieren, werden direkt informiert. Als Kommunikationsmedien dienen Flyer und E-Mails. Auch Abteilungs- und Teamleiter werden informiert, sodass sie einzelne Mitarbeiter ansprechen und – unverbindlich – auf das Angebot aufmerksam machen können.

Wenn ein Mitarbeiter sich unsicher ist, ob er von einer Lernberatung profitieren würde, kann er mit einem Berater einen Informationstermin vereinbaren. Allen zustande kommenden Kontakten ist jedoch gemeinsam, dass die Entscheidung für eine Lernberatung vom Mitarbeiter selbst getroffen werden muss (Freiwilligkeitsprinzip). Er kann die Lernberatung entweder in seiner Freizeit oder während der Arbeitszeit nutzen. In letzterem Fall werden – wie in klassischen unternehmensgeförderten Coachingprozessen – jeweils eine Vor- und eine Nachbesprechung gemeinsam mit dem Vorgesetzten vereinbart. Geschieht die Lernberatung in der Freizeit des Mitarbeiters, erfährt der Vorgesetzte nichts davon.

6.2 Ablauf einer Lernberatung

Eine Lernberatung besteht klassischerweise aus ca. 6 bis 8 Terminen à 1,5 h (Abb. 6.1).

Zu Beginn des eigentlichen Beratungsprozesses steht ein Kennenlerntermin mit Zielvereinbarung. Beim ersten Termin werden die folgenden Themen besprochen:

- Kennenlernen, Konzept erklären
- Lernenden erzählen lassen: Lernbiografie, aktuelle Problematik, bisherige Lösungsversuche, evtl. zusätzliche aktuelle erschwerende Bedingungen
- Abklären von Zielen für die Beratung: möglichst viel durch den Klienten formulieren lassen
- Lernplan erstellen
- ggf. kleinere Praxistipps für ein dringendes Anliegen
- Klienten formulieren lassen, was er „mitnimmt"

Ansatzpunkte für die weiteren Termine sind:

- Bericht des Lernenden: Wie ist es mir seit dem letzten Termin ergangen? Was habe ich wie angewendet? Wie war der Erfolg?
- Wahl eines aktuellen Themas (z. B. „Wie lerne ich eine Tabelle auswendig?")
- Möglichkeiten vorschlagen, anknüpfen an den bisherigen Lösungsversuchen des Klienten
- neue Methoden einüben
- Klienten formulieren lassen, was er „mitnimmt"
- Zielüberprüfung, ggf. Neuformulierung

Beim gesamten Beratungsprozess ist es wichtig, dass dieser so praxisnah wie möglich abläuft. Das ist unter anderem dadurch möglich, dass der Lernende seine Lernmaterialien mitbringt, sodass diese als Beispiel verwendet werden können. Es hat sich als hilfreich herausgestellt, auf diese Weise einen Transfer von der Theorie in die Praxis zu gewährleisten. Klassischerweise wird eine neue Methode vorgestellt, die der Lernende direkt während der Beratung übt. Der Berater schaut ihm dabei über die Schulter und gibt Feedback.

Zum Schluss des Beratungsprozesses wird in einem Abschlusstermin Resümee gezogen. Das anfangs gesetzte Ziel wird hinsichtlich seiner Erreichung überprüft. Wenn noch ein Auswertungsgespräch mit dem Vorgesetzten geplant ist, wird dies vorbesprochen. Damit kann sichergestellt werden, dass die Schweigepflicht gewährt bleibt und während dieses Termins nur Themen zur Sprache kommen, mit denen der Lernende einverstanden ist.

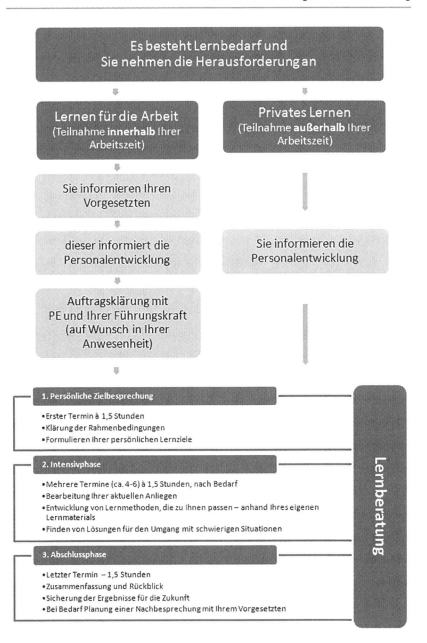

Abb. 6.1 Ablauf eines Lernberatungsprozesses

6.3 Ansatzpunkte

Lernberatung verfolgt, was die Art der Interventionen angeht, eine Doppelstrategie: einerseits wird klassisch „handwerkliches" Wissen zu verschiedenen Lerntechniken vermittelt und eingeübt, andererseits werden aber auch Coachingthemen wie beispielsweise Selbstvertrauen oder persönliche Stärken angesprochen. Auch das Thema „Reduktion von Prüfungsangst", das viele unserer Teilnehmer zur Nutzung der Beratung motivierte, ist eher coachingorientiert.

Was die Lerntechniken angeht, verweisen wir auf das vorige gleichnamige Kapitel aus dem Konzept zum Lernfitnesstraining (siehe Abschn. 5.4). Wichtig ist es, den Lernenden dieses Grundwissen zu vermitteln und darauf aufbauend persönliche Lösungen zu finden. Bei der Vorstellung der Themen geht die Beratung recht direktiv vor, da die Informationsweitergabe im Vordergrund steht. Beim Transfer auf die aktuelle Lernaufgabe kommen wieder beraterische Fragetechniken zum Einsatz, sodass der Lernende selbst für die Umsetzung verantwortlich ist.

Lernende äußern fast immer den hauptsächlichen Wunsch, „handwerkliche" Lerntipps zu erhalten. Dies ist jedoch nur ein Teil von Lernkompetenz. Wichtig ist, den Lernenden über alle Aspekte von Lernkompetenz aufzuklären und diese auch in der Beratung abzudecken:

- **kognitive Ebene:** verschiedene Methoden, Tipps und Tricks, Material strukturieren
- **metakognitive Ebene:** Die jeweils passende Methode auswählen und ggf. abwandeln, realistische Ziele setzen, überprüfen und anpassen
- **motivationale Ebene:** Lernmotivation (intrinsisch/extrinsisch? …) und Einstellungen („Ich bin zu alt dafür." „Man lernt in der Schule, danach nicht mehr.")

Die motivationale Ebene ist sehr wichtig, da eine negative Einstellung stark bremsen kann. Die Beratung sollte sich auch darauf konzentrieren, solche Hindernisse anzugehen. Dies sollte recht schnell erfolgen, erfordert aber eine gewisse Vertrauensbasis.

Wir empfehlen, in jeder Beratung einen Termin dafür zu verwenden, dass der Lernende sich seiner eigenen Stärken bewusst wird. Gerade kurz vor einer Prüfung stärkt eine solche Intervention das Selbstvertrauen. Häufig ist das Wissen über die eigenen Stärken nicht präsent, weil der Lernende noch nie darüber aktiv nachgedacht hat. In diesem Fall kann es hilfreich sein, sich dem Thema auf folgende Weise zu nähern:

- Vergangene Erfolge: Was haben Sie bereits in Ihrem Leben erfolgreich gemeistert? Wie haben Sie dies geschafft? (Wenn dann eine eher handlungsbezogene Antwort kommt, muss der Berater sie eventuell noch in eine Stärke umformulieren.)
- Soziales Umfeld als Feedbackgeber: Was würde Ihre Frau sagen, welche Stärken Sie haben? Wofür bekommen Sie auf der Arbeit Lob?

Wenn dieses Thema eher zu Beginn des Beratungsprozesses angegangen wird, empfiehlt sich eine sog. SWOT-Analyse als Standortbestimmung (z. B. Hermann und van der Gathen 2014). Dabei erstellt der Lernende einen Überblick über seine aktuellen – zielbezogenen – Stärken und Schwächen sowie die umfeldbezogenen Chancen und Risiken.

Wir empfehlen für die Beratung ein vereinfachtes Modell, in dem die Interaktionen zwischen beiden Ebenen zunächst außer Acht gelassen werden und der Lernende über förderliche und hemmende Faktoren sowohl bei sich als auch in seinem Umfeld reflektiert (siehe Tab. 6.1).

Unsere Erfahrung mit der Lernberatung ist, dass diese von den Mitarbeitern sehr freudig angenommen wurde. Sowohl durch die Anonymität als auch durch die große Praxisnähe stellte sie eine attraktive Entwicklungsmöglichkeit dar. Nach dem Launch der Methode äußerten Klienten häufig: „Wenn ich das vorher gewusst hätte, dass es so etwas gibt, dann hätte ich mir viel Stress gespart!"

Tab. 6.1 Fiktives Beispiel für eine Stärken-Schwächen-Analyse

	Stärken	Schwächen
Selbst	Geduldig, hartnäckig, kann auch langfristig gesetzte Ziele verfolgen und den Prozess überblicken	Unstrukturiert, Arbeitsweise wenig effizient
Umfeld/ andere Personen	Vorgesetzter unterstützt das Lernvorhaben, gibt viel Feedback	Familie ist unglücklich mit dem Lernaufwand, möchte mehr Zeit mit dem Lernenden verbringen

Literatur

Hermann, S., & Gathen, A. van der. (2014). *Das große Handbuch der Strategieinstrumente: Alle Werkzeuge für eine erfolgreiche Unternehmensführung*. Frankfurt: Campus.
Rogers, C. R. (1977). *Therapeut und Klient*. München: Kindler.

Tool D: Führungskräftetraining „Lernen ermöglichen"

Zusammenfassung

Das Führungskräftetraining sensibilisiert Führungskräfte für ihre Rolle als Lernermöglicher. Es zeigt auf, welche Ursachen hinter verschiedenen Lernblockaden der Mitarbeiter stecken können, und gibt Tools an die Hand, um diese gemeinsam mit dem Mitarbeiter in einem Gespräch anzugehen.

Interview mit einem Teilnehmer des Führungskräfte-Trainings

Lebenslanges Lernen ermöglichen – wie geht das? Wir haben einen unserer Workshop-Teilnehmer interviewt. Der Tagesmeister im Stahlwerk gibt einen Einblick, wie er Lernen in den Arbeitsalltag seiner Mitarbeiter integriert.

Wie sind in Deinem Alltag Lernen und Arbeiten miteinander verknüpft?
Gerade im Bereich der Instandsetzung gibt es täglich neue Situationen, die es so vorher noch nicht gab. Da muss man zwangsläufig ständig lernen und sich auf neue Situationen einstellen. Z. B. haben wir neue Bauteile bekommen, wobei meine Mitarbeiter und ich immer wieder vor neuen Herausforderungen stehen: Wie genau wird ein bestimmtes Bauteil gewartet oder repariert? Das heißt, Unterlagen wälzen, die richtigen Zeichnungen finden und die Mitarbeiter effektiv schulen.

Welche Bedarfe haben Deine Mitarbeiter, um gut lernen zu können?
Hierbei finde ich es wichtig, mit der nötigen Ruhe an die Sache ranzugehen. Hektik und Stress helfen wenig, um neues Wissen zu vermitteln. Sicherlich ist es nicht einfach, im Alltag eines Instandhalters immer die Zeit dafür zu finden.

Hier gebe ich meinen Mitarbeitern die nötige Zeit, um sich auf neue Situationen einzustellen, damit sie das Erlernte umsetzen können.

Welchen Nutzen hatte unser Führungskräfte-Training „Lernen ermöglichen" für Dich?
Ich kann jeder Führungskraft dieses Seminar nur empfehlen. Jeder denkt ja von sich, er mache alles richtig, aber im Seminar habe ich doch einige neue Techniken erlernen können, wie ich das Instrument des Lernens besser einsetzen kann.

7.1 Zielsetzung

Die Forschung ist sich darüber schon längst im Klaren: Die Führungskraft spielt beim Lernen der Mitarbeiter eine entscheidende Rolle (siehe z. B. De Lange et al. 2010; Tews et al. 2016). Auch unsere interne Fragebogenerhebung konnte das bestätigen: Der Vorgesetzte hat demnach nicht nur einen Einfluss darauf, wie *häufig* ein Mitarbeiter Lernmöglichkeiten wahrnimmt (sowohl formelles Lernen, also Schulungen, als auch informelles Lernen, also training on the job), sondern auch welchen *qualitativen* Wert diese haben (z. B. ob die Maßnahmen gut auf die Bedarfe abgestimmt sind, ob die Entwicklungsziele des Mitarbeiters klar benannt sind etc.).

Aus unserer Erhebung ging klar hervor, dass Mitarbeiter, die sich sehr gut von ihrem Vorgesetzten unterstützt fühlen, bis zu 30 % häufiger an Schulungen teilnehmen als Mitarbeiter, die sich sehr wenig unterstützt fühlen.

Außerdem ergab der Vergleich: Mitarbeiter, die sich sehr gut unterstützt fühlen,

- empfinden das Lernklima und das Altersklima im Team als wesentlich besser
- sind stärker zum Lernen motiviert
- berichten von mehr Lerngelegenheiten im Alltag
- sind stärker von ihren eigenen beruflichen Fähigkeiten überzeugt

Das Modell expansiver bzw. restriktiver Lernumgebungen von Fuller und Unwin (Unwin 2004; Fuller und Unwin 2004) liefert einen übersichtlichen theoretischen Hintergrund. Eine expansive Lernumgebung ist „kreativ und dynamisch und entwickelt sich stetig weiter" (Unwin 2004, S. 5). Sie ist u. a. gekennzeichnet durch eine explizite Lerninfrastruktur, proaktive Lernaktivitäten und der Verankerung des Wertes von Lernen in der Unternehmenskultur.

7.1 Zielsetzung

Restriktive Lernumgebungen hingegen sehen Lernverhalten als „Events" (z. B. durch seltene Schulungen). Lernen findet reaktiv und ungeplant statt und der Sinn von Lernaktivitäten ist nicht immer allen Beteiligten klar (Unwin 2004). Durch strukturelle Veränderungen und ein gezieltes Führungsverhalten können für Mitarbeiter expansive Lernumgebungen geschaffen werden. Dies ist vor allem deshalb ein spannender Ansatz, weil Fuller und Unwin (2004) restriktive Umgebungen bestimmten Arbeitsbereichen und eher der unteren Hierarchie zuordnen konnten, d. h. häufig Mitarbeiter in restriktiven Lernumgebungen arbeiten, die auf die Strukturierung ihrer eigenen Arbeitsprozesse wenig Einfluss haben.

Das Training „Lebenslanges Lernen ermöglichen" schult Führungskräfte darin, den Aspekt des Lernens in ihrem Führungsverhalten zu fokussieren. Lernen ist ein wichtiger Motor für Veränderung, der ihre Mitarbeiter befähigt, flexibel auf neue Situationen zu reagieren. Oft gibt es jedoch Hemmnisse und Stolpersteine, die auf dem Weg zum effektiven Lernen überwunden werden müssen.

Der Workshop richtet sich deswegen an Führungskräfte, die ihr lernbezogenes Führungsverhalten und das Lernklima im Team optimieren wollen. Mögliche Anliegen sind:

- Wie schaffe ich ein lernförderliches Umfeld?
- Wie kann ich meine Rolle als Vorbild einnehmen?
- Wo können Lernblockaden liegen und wie kann ich darauf reagieren?
- Welche Möglichkeiten habe ich, auf die Lernmotivation älterer Kollegen einzugehen?
- Was ist hier besonders zu beachten?
- Wo liegen die Grenzen?

Zur Zielgruppe gehören Schichtmeister, Vorarbeiter und andere Vorgesetzte, die direkt mit einem Team oder einer Schicht aus der Produktion zusammenarbeiten. Insbesondere, wenn sie an Methoden interessiert sind, die Arbeitseffizienz in der Gruppe zu erhöhen – da durch Lernen die Flexibilität und Anpassungsfähigkeit gesteigert werden.

Der Workshop setzt kein psychologisches oder didaktisches Wissen voraus. Vielmehr besteht die Möglichkeit, auf diese Themen kurz einzugehen, sie aufzufrischen oder aus den Fallbeispielen konkrete Tipps abzuleiten.

Das Training umfasst die beiden Schwerpunkte:

- an der *Person* anzusetzen und Ihre Mitarbeiter zum Lernen zu motivieren
- am *Umfeld* anzusetzen und eine positive Lernatmosphäre zu schaffen

7.2 Struktur des Trainings

Ein Training dauert einen Tag (6–8 h). Die Gruppengröße für den Workshop liegt bei 10 Personen, damit es möglich ist, individuell auf einzelne Anliegen einzugehen, was einen Transfer in den Arbeitsalltag erleichtert.

Im Vorfeld werden die Teilnehmer gebeten, ein Fallbeispiel zu einer Situation einzureichen, in der es bei einem Mitarbeiter Schwierigkeiten mit dem Lernen oder der Lernmotivation gab. Die inhaltlichen Inputs orientieren sich an diesen Beispielen. Die Arbeit mit Fallbeispielen ermöglicht es, theoretisches Wissen sofort in praktisches umzuwandeln und durch „Aha"-Erlebnisse zu verankern. Außerdem werden auf diese Weise direkt im Training individuelle Lösungsansätze erarbeitet.

Der methodische Ansatz des Trainings sieht vor, ein Schema zur Problemidentifikation vorzustellen, das es erleichtert, die Ursachen von Lernblockaden zu identifizieren. Die Vorstellung erfolgt eng orientiert an den Beispielen der Teilnehmer. Auch die Lösungsmöglichkeiten werden anhand der vorhandenen, authentischen Fallbeispiele durchgearbeitet, sodass insgesamt thematisch eher weniger Ansätze tief gehend besprochen werden, anstatt viele Ansätze nur kurz anzureißen und sie nicht mit Praxisteilen zu verbinden. Dieses Vorgehen ermöglicht einen erleichterten Transfer auf den Arbeitsalltag der Teilnehmer.

Das Training unterteilt sich in drei inhaltliche Blöcke (siehe auch Abb. 7.1):

- **ein positives Lernklima schaffen:** Vermittlung von Basiswissen zum Thema „Die Führungskraft als Lernermöglicher". Einflussmöglichkeiten durch Führungsverhalten auf das Lernklima und Lernverhalten der Mitarbeiter
- **Lernblockaden erkennen:** Arbeit mit den Fallbeispielen. Ursachen für Lernblockaden erkennen, Ursachentaxonomie erstellen
- **Lernblockaden beseitigen:** konkrete Interventionen, um Lösungsmöglichkeiten für ein oder zwei Fallbeispiele zu erarbeiten.

Diese inhaltlichen Blöcke werden im Folgenden vorgestellt.

Abb. 7.1 Inhalte des Führungskräfte-Trainings „Lernen ermöglichen"

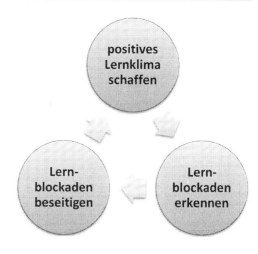

7.3 Ein positives Lernklima schaffen

Nach einem Überblick über den aktuellen Forschungsstand zum Thema „die Führungskraft als Lernermöglicher" wird eine Reflexionsaufgabe gestellt. Die Teilnehmer sollen entweder die Aspekte einer lernbetonten versus einer aufgabenbetonten Arbeitssituation gegenüberstellen oder Lernkulturen früher und heute vergleichen. Im Folgenden geben wir Anregungen, aufgrund welcher theoretischen Modelle diese Einheit gestaltet werden kann.

Als Hintergrund dient für den Vergleich „Lern- vs. Arbeitssituation" die Aufstellung von Beutel und Novak (2001, S. 57; siehe Tab. 7.1). Wichtig ist hier zu betonen, dass die Begriffe nicht zwei Kategorien darstellen, sondern eher zwei Pole eines Kontinuums: Jede Situation hat einen Lern- und einen Arbeitsaspekt. Die Teilnehmer sollen Merkmale der beiden Extreme erkennen können, damit sie den Schwerpunkt bewusst auf das eine oder das andere legen können. Daher ergibt sich auch logischerweise die Anschlussfrage, mit welchem Führungsverhalten welche Art von Situation hervorgerufen werden kann (Tab. 7.2).

Alternativ kann auch anhand des Modells von Pätzold und Lang (1999) der Vergleich „Lernen früher vs. heute" – traditionelle vs. innovative Lernkultur – besprochen werden. Ziel ist hierbei, auf den Wandel der Bedeutung von Lernen im Arbeitsprozess hinzuweisen und die Aktualität der Thematik herauszuarbeiten (siehe Tab. 7.3).

Tab. 7.1 Lern- vs. Arbeitssituation. (Nach Beutel und Novak 2001, S. 57–60)

Lernsituation	Arbeitssituation
Prozesshaft-fließend, ganzheitlich	Prozessgetaktet, die Abläufe wiederholen sich
Entwickelt Fragen und Ergebnisse, erarbeitet alternative Lösungswege, stärkt die Entscheidungskompetenz	Vorgabe von passenden Antworten, im Mittelpunkt steht der „richtige" Lösungsweg
Fehlerfreundlich	Ziel/Ideal: „fehlerfrei"
Ermöglicht Beteiligung	Begrenzte, kontrollierte Beteiligung
Gestaltungsorientiert	Anpassungsorientiert
Entfaltung zwischenmenschlicher, sozialer Kooperationen	Instrumentalisierte und funktionalisierte Kooperationen
Akzeptiert und fördert informelle Beziehungen	Duldet informelle Beziehungen
Anspruchsvoll, viele Abwechslungen	Routine, wenig Neues

Tab. 7.2 Führungsansätze, um eine Lern- oder Arbeitssituation herzustellen. (Nach Beutel und Novak 2001)

Führungsansatz Lernsituation	Führungsansatz Arbeitssituation
Auf Beteiligung, Motivation und Selbstreflexion ausgerichtet	Auf Steuerung und Kontrolle ausgerichtet
Zulassen von Doppeldeutigkeiten	Ausgerichtet auf Eindeutigkeiten und Kalkulierbarkeit
Experimenteller Charakter	Reduktion von Unsicherheiten

In welchem Klima kann informelles Lernen am besten gedeihen? Roxå und Mårtensson (2015) stellen ein heuristisches Modell vor, mit dem man die Mikrokultur eines Teams bestimmen kann. Diese ist bestimmt von zwei Komponenten: dem Grad an Vertrauen und dem Umfang, in dem eine gemeinsame Verantwortung erlebt wird (siehe Tab. 7.4).

Allen Mikrokulturen ist gemein, dass eine Verankerung von Weiterbildung und Entwicklung in den allgemeinen Zielen ausschlaggebend ist für eine positive Entwicklung der Mitarbeiter. Nur in diesem Fall können die strukturellen Gegebenheiten optimal genutzt werden; andernfalls droht Stagnation. Ein erster Schritt ist also in jedem Fall eine Sichtung des vorhandenen bzw. Erstellung eines neuen Weiterbildungsplanes.

7.3 Ein positives Lernklima schaffen

Tab. 7.3 Traditionelle vs. innovative Lernkultur. (Pätzold und Lang 1999, S. 37)

Traditionelle Lernkultur	Innovative Lernkultur
Zweckmäßige Schulungen durch „Belehren" als Reaktion auf Entwicklungen im Unternehmen und dessen Umfeld	Lernen hat zum Ziel, Probleme früh zu erkennen und aktiv nach neuen Lösungen zu suchen
Abstrakte Lösungsversuche	Komplexe Lösungsversuche
„Eichhörnchen-Prinzip": Wissen wird „auf Vorrat" angesammelt, ohne einen direkten Bezug zu aktuellen Aufgaben zu haben	Metakognition anwenden, um Lernen im Team und Lerntransfer zu begünstigen
Vermittlung von „fertigem" Wissen, d. h. Wissen wird von einer Person präsentiert und nicht von den Lernenden erarbeitet	Wissen wird aus schwierigen Lernsituationen selbst erarbeitet (allein oder im Team)
Ziel besteht darin, Buchwissen möglichst genau wiederzugeben	Ziel ist, auf Herausforderungen gut reagieren und das neue Wissen anwenden zu können
Aufgabe der Lehrenden ist es, Faktenwissen zu vermitteln	Lehrende schaffen die Voraussetzungen, Denk- und Lernprozesse auszulösen

Als Begrenzung des Modells ist zu nennen, dass es basierend auf Studien in einem akademischen Kontext entwickelt wurde. Inwieweit eine Übertragung in andere Bereiche wie z. B. Produktion möglich ist, muss noch erforscht werden.

Nach einer Vorstellung dieses Modells können die Teilnehmer – „öffentlich" in der Gruppe oder in der Stille für sich selbst – eine Einschätzung vornehmen, wo sie ihr Team sehen. Darauf aufbauend stellen sich folgende Fragen:

- Wären sich alle Mitarbeiter eines Teams einig, in welche Kategorie ihr Team einzuordnen ist?
- Inwieweit profitieren die Mitarbeiter von diesen strukturellen Gegebenheiten?
- An welchen Stellen ermöglicht, an welchen Stellen verhindert die Struktur das Lernen?
- Wie kann die Struktur im Hinblick auf Lernermöglichung optimiert werden?
- Wo liegen die Grenzen einer Entwicklung, z. B. aufgrund der Arbeitsaufgaben oder räumlicher Gegebenheiten?

Wichtig ist hier – wie bei den anderen Modellen auch – herauszustellen, dass es nicht die eine optimale Struktur gibt. Lernen ist immer noch etwas, das arbeitsbegleitend geschieht und nicht den gesamten Prozess dominiert. Lernen sollte nicht einfach nur um des Lernens willen ermöglicht werden, sondern als Mittel, um die Mitarbeiter in ihrer persönlichen Entwicklung zu befördern und die Arbeits- und Produktionsprozesse zu optimieren.

Tab. 7.4 Lern-Mikrokulturen. (Nach Roxå und Mårtensson 2015, S. 199)

	Hohes Vertrauen	Geringes Vertrauen
Gemeinsame Verantwortung	**„die Allmende"** Die Mitarbeiter haben eine gute persönliche Basis für die Zusammenarbeit. Es gibt wenige Regeln, die aber von allen akzeptiert sind. Aufgaben werden selbstständig erledigt. Es ist möglich, die Handlungen der anderen zu hinterfragen, um Prozesse zu optimieren. Lernprozesse bestehen darin, dass neue Mitarbeiter schrittweise eingearbeitet werden. Weiterentwicklung der langfristigen Teammitglieder ist nur dann möglich, wenn es einen Weiterbildungsplan gibt, da sich sonst schnell verfestigte Routinen bilden	**„der Markt"** Die Mitarbeiter haben zwar ein gemeinsames Arbeitsfeld, doch aufgrund des geringen Vertrauens haben die Tate und Worte des Einzelnen im Zweifelsfall wenig Auswirkungen. Mitarbeiter fokussieren sich stärker auf ihre eigenen Ziele statt auf eine gemeinsame Richtung. Lernen kann hier als Instrument für Konkurrenz genutzt werden im Sinne von „Wissen ist Macht"
Keine gemeinsame Verantwortung	**„der Club"** In diesem Kontext herrscht großes Vertrauen, aber es gibt kein gemeinsames Ziel. Der Fokus liegt darauf, sich gegenseitig zu unterstützen. Kritisches Feedback wird jedoch nicht gegeben. Für das Lernen besteht hier ein geschützter Übungsraum. Auch Mentoring ist möglich. Wichtig ist auch hier das Vorliegen eines Weiterbildungsplans, denn sonst droht Stagnation	**„der Platz"** Hier bewegen sich Menschen ohne gemeinsame Aufgabe und ohne Bezug zueinander. Arbeitsbeziehungen entstehen spontan und lösen sich ebenso auch wieder auf. Kontakte entstehen nur, wenn sie unbedingt notwendig sind. In einem solchen Umfeld ist Lernen als Ausprobieren möglich, weil es wenig negative Konsequenzen gibt. Allerdings kann die Unverbindlichkeit sich auch fortschrittshemmend auswirken

7.4 Ursachen von Lernblockaden

Anschließend beginnt die Arbeit mit den Fallbeispielen. Analog zur Beratung sollen nicht sofort Lösungsmöglichkeiten erarbeitet, sondern zunächst die Situationen näher erkundet werden. Dadurch sollen die Teilnehmer ein Bewusstsein dafür bekommen, welche Ursachen einer Lernblockade zugrunde liegen können.

Wenn die Teilnehmer im Vorfeld keine eigenen Beispiele eingebracht haben, können auch fiktive Beispiele genutzt werden.

Beispiel

Lernblockaden: Fallbeispiel 1
In Ihrem Team ist ein Mitarbeiter, der 58 Jahre alt ist. Er ist sehr erfahren und wird dafür von allen jüngeren Kollegen geschätzt. Was er kann, macht er richtig gut. Allerdings fällt es ihm offensichtlich schwer, sich auf neue Dinge einzustellen. Als Sie eine neue Art der Protokollführung einführen wollen, sind die jüngeren Mitarbeiter gleich Feuer und Flamme, vor allem weil sie jetzt das Protokoll in den Rechner eingeben können und nicht mehr per Hand schreiben müssen. Nur der ältere Mitarbeiter mochte nicht so recht damit warm werden, schreibt entweder weiter per Hand oder lässt jüngere Kollegen diese Aufgabe übernehmen. Sie halten es aber für wichtig, dass alle Kollegen in der Lage sind, das Protokoll am Rechner zu verfassen.

Lernblockaden: Fallbeispiel 2
Einer Ihrer Mitarbeiter ist 45, d. h. schon länger aus Schule und Ausbildung heraus, aber sehr aufgeschlossen und rege. Er lernt gern Neues und nimmt sich viel Zeit, sich in neue Zusammenhänge einzuarbeiten. Dies macht er am liebsten allein – er recherchiert im Internet, nimmt sich das Handbuch oder tüftelt einfach selbst so lange, bis er die Lösung gefunden hat. Mit dieser Strategie ist er bisher sehr weit gekommen, aber weil für den Steuerstand bald neue Software eingeführt werden soll, möchten Sie den Mitarbeiter gern auf eine Schulung schicken. Diese Schulung würde ihn gut und effizient auf das neue System vorbereiten. In der Vergangenheit hat der Mitarbeiter die Teilnahme an Schulungen oft abgelehnt. Es ist Ihnen in den letzten Jahren gelungen, ihn zu zwei Veranstaltungen anzumelden, allerdings hat er sich kurzfristig krank gemeldet und ist nicht zur Schulung gegangen. Sie überlegen jetzt, wie sie auf den Mitarbeiter zugehen können, damit er an der nötigen Schulung tatsächlich teilnimmt. Welche Vorbehalte mag er in den letzten Fällen gehabt haben?

Tab. 7.5 Interne Ursachen von Lernblockaden

Problembereich	Akutes Thema	Lösungsmöglichkeiten
Mangelnde Motivation	„kann ich nicht"	• Motivierende Gesprächsführung • Selbstwirksamkeit stärken
	„brauche ich nicht" „verstehe ich nicht" „ist nicht sinnvoll"	• Den Sinn klar machen, Nutzungsmöglichkeiten aufzeigen • Bezug zu Arbeitsalltag erläutern, aktuelle Beispiele einbeziehen • Wichtig: erkunden, ob das Problem wirklich auf dieser Ebene liegt!
Widerstand	3 Ebenen: • „Ich verstehe es nicht" • „Ich mag es nicht" • „Ich mag dich nicht" (Maurer 1996)	Widerstand als Ressource nutzen, Anliegen der Mitarbeiter herausarbeiten und Lösungen finden, ihre Verbesserungsvorschläge als Ausgangspunkt nutzen
Rolle	„eigentlich müsste ich das wissen/können" – Mitarbeiter traut sich nicht, zu fragen	Lernkultur: wie stehen wir den Themen „Entwicklungsmöglichkeiten" und „Fehlerfreundlichkeit" gegenüber? Räume schaffen, in denen Lernen ohne Gesichtsverlust möglich ist
Hemmende Einstellungen	„ich bin zu alt" „ich bin nicht schlau genug"	Motivierende Gesprächsführung: hemmende Einstellungen behutsam hinterfragen
Nicht zutreffende Einstellungen	„man lernt nur in der Schule, danach nicht mehr"	Hinterfragen, Plausibilität überprüfen lassen
Ziel	Vermeidungsziel (Mitarbeiter möchte Fehler vermeiden oder nicht durch Unfähigkeit auffallen)	Motivierende Gesprächsführung; Selbstwirksamkeit stärken
Mangelnde Reflexionsfähigkeit	Mitarbeiter reflektiert nicht, wie er an Lernprozesse herangeht	• Konzept von Metakognition erklären: Nachdenken über den eigenen Lern- und Arbeitsstil • Leitfragen stellen, Zeit für Reflexion geben

7.4 Ursachen von Lernblockaden

Tab. 7.6 Externe Ursachen von Lernblockaden

Problembereich	Akutes Thema	Lösungsmöglichkeiten
Ressourcen	Mangelnde Zeit	• Zeiträume schaffen • ggf. Werte überprüfen (was ist wichtiger?) • Schlüsselfunktion von Lernen klar machen • Effizienz von Lernermöglichung herausheben (die aufgewendete Zeit spart man später wieder ein) • Informelles Lernen ermöglichen: z. B. mehrere Kollegen heranholen, wenn einer etwas gezeigt bekommt, damit alle die Lernmöglichkeit nutzen können und Zeit gespart wird
	Mangelndes Wissen (z. B. Weiterbildungsangebot; eigenes Vorgehen)	Mitarbeiter informieren, ggf. Lerntraining oder Beratung veranlassen
	Der Führungskraft fehlt es an didaktischem Wissen	• Personalentwicklung ansprechen für eine individuelle Lösung • Train the Trainer • Methodenberatung
	Mangelnder Zugang (z. B. zu Büchern, Internet)	Möglichkeiten schaffen
	Arbeitsablauf und -dichte lassen Lernprozesse nicht zu	• Zeitfenster schaffen (ggf. weit im Voraus oder mit einer Regelmäßigkeit), dann aktuelle Themen bearbeiten • Themen vorbereiten und Inputs spontan in Leerlaufzeiten einfügen • Auch kleine Zeitfenster nutzen
Zusammenarbeit	Konflikt zwischen Mitarbeiter und Führungskraft	Externe Hilfe für ein Klärungsgespräch, um eingefahrene Muster zu durchbrechen
	Konflikt zwischen zwei Mitarbeitern	Vermittelndes Gespräch, Mediation, ggf. externe Hilfe

(Fortsetzung)

Tab. 7.6 (Fortsetzung)

Problembereich	Akutes Thema	Lösungsmöglichkeiten
Lernklima	Lernen wird in der Schicht/im Team als unnötiges Spielen erlebt. Folge: der Mitarbeiter „traut" sich nicht, sich Zeit fürs Lernen zu nehmen	• Klärende Gespräche, Führungskraft als Rollenvorbild • Zeitrahmen für Lernen schaffen
Fehlende Lerngelegenheiten	Mitarbeiter teilen ihr Wissen aus Schulungen nicht mit Kollegen, es sei denn, es wird im Notfall gebraucht	Austauschrunden einführen, wenn Mitarbeiter von einer Schulung wiederkommen. Wichtig: die Mitarbeiter sollen sich nicht unter Druck fühlen. Eine Form finden, in denen sie ihr Wissen gern teilen (z. B. vor Ort zeigen statt „Vortrag")

Tab. 7.7 Ursachen von Lernblockaden als Mischform (intern und extern)

Problembereich	Akutes Thema	Lösungsmöglichkeiten
Ziel	Ziel unklar, nie besprochen	• Jahresgespräch • In der Zwischenzeit Zielüberprüfung
	Ziel ist für den Mitarbeiter nicht erreichbar	• Erfüllbaren Plan erarbeiten • Ziele in Unterschritte unterteilen
Anwendung von Schulungswissen	Gerade ältere Mitarbeiter vertiefen gern vorhandenes Wissen zu einem Thema, statt mit einem komplett neuen Thema „von vorne" anzufangen	Ist es möglich, den Mitarbeiter nur in diesem Gebiet einzusetzen, in dem er besonders gut ist? Wenn nicht: nach Befürchtungen fragen und nach einer Lösung suchen, die es dem Mitarbeiter einfacher macht (z. B. andere Lernform)
Rahmen	Mitarbeiter kann mit der Lernmethode nichts anfangen	Andere Methode suchen (z. B. immer mal wieder 5 min lang etwas Aktuelles in Excel erklären, statt den Mitarbeiter zu einer Schulung zu schicken)

Zunächst sollen die Teilnehmer folgende Fragen in Kleingruppen beantworten und später im Plenum vorstellen:

- Welche Ursachen vermuten Sie für diese Lernblockade?
- Was spricht – aus Sicht des Mitarbeiters – für das Lernen?
- Was spricht dagegen?

Es ist ratsam, den Teilnehmern explizit noch einmal zu sagen, dass sie noch keine möglichen Lösungen vorschlagen sollen, sondern dass zunächst eine Ursachenforschung geplant ist. Alle Ursachen, die die Teilnehmer definieren, sollen sie einzeln auf Karten notieren. In einem zweiten Schritt sollen – entweder als Gruppendiskussion oder in Kleingruppen, sodass jeweils ca. 6 Personen miteinander diskutieren – Cluster gebildet werden. Auf diese Weise erarbeiten sich die Teilnehmer eine eigene Ursachentaxonomie.

Didaktischer Hintergrund dieses Vorgehens ist, dass eine selbst erarbeitete Struktur besser behalten wird als eine vorgegebene (Kaiser und Kaiser 2010). Häufig fragen Teilnehmer danach, ob sie die „richtige" Sortierung oder die „richtigen" Oberbegriffe gefunden haben. An dieser Stelle sollte der Trainer darauf hinweisen, dass es darauf ankommt, diese eigene Struktur zu bilden, und nicht per „trial and error" ein fiktives System zu reproduzieren.

Für den Trainer geben wir im Folgenden eine Taxonomie wieder, die im Rahmen des Projektes entstanden ist. Sie soll als Beispiel und Hintergrundwissen dienen, ist aber nicht dazu gedacht, dass sie an die Teilnehmer weitergegeben wird. Andernfalls könnte der Eindruck entstehen, dass die vorgegebene Lösung die „richtige" ist und die selbst erarbeitete weniger Gültigkeit hätte (siehe Tab. 7.5, 7.6 und 7.7).

7.5 Lernblockaden begegnen: Motivierende Gesprächsführung

In vielen problematischen Fällen können Führungskräfte bereits mit kleinen Veränderungen Großes bewirken. Sowohl die Motivation des Einzelnen als auch das Lernklima sind Schlüsselbereiche, die als Türöffner fungieren. Durch eine effiziente Führung in diesem Bereich steigern Vorgesetzte außerdem ihre eigene Arbeitseffizienz und schaffen Zeit für andere Aufgaben.

Im Anschluss an die Erstellung der Ursachentaxonomie wird gemeinsam mit den Teilnehmern besprochen, für welche der Themen sie im Folgenden eine

Lösungsmöglichkeit erarbeiten wollen. Im Rahmen eines eintägigen Trainings ist es realistisch, hier auf ein bis zwei Ursachen bzw. Fallbeispiele einzugehen.

Gerade wenn die Lernblockade in der Motivation des Mitarbeiters begründet liegt, bietet sich die Motivierende Gesprächsführung als Lösungsansatz an (Miller et al. 1999). Diese Gesprächstechnik kommt ursprünglich aus der Beratung mit Klienten, die eine Beratung ablehnen. Sie zielt darauf ab, schwierige Situationen so zu gestalten, dass die Veränderungsbereitschaft des Gesprächspartners gesteigert wird. Es wird also versucht, trotz eines großen Motivationsdefizits ressourcenorientiert zu arbeiten.

Selbstverständlich ist es nicht möglich, die Teilnehmer in einem Tag als Berater auszubilden. Aber das ist in vielen Fällen auch gar nicht nötig. Manchmal reicht es aus, einige Teile aus der Motivierenden Gesprächsführung vorzustellen, um Anregungen für ein aktuelles Fallbeispiel zu gewinnen. Die neuen Ideen werden dann im Rollenspiel eingeübt und Feedback gegeben.

Im Folgenden stellen wir den Ansatz der Motivierenden Gesprächsführung kurz vor, damit der Leser einen Überblick über das Feld gewinnt. Im Internet und in der Fachliteratur finden sich viele Publikationen, die einen Einstieg in das Thema ermöglichen (z. B. unter http://www.motivationalinterviewing.org). Motivierende Gesprächsführung hat sich als erfolgreiche Methode beispielsweise in der Karriereberatung erwiesen (Rochat und Rossier 2016).

Grundsätzlich geht die Motivierende Gesprächsführung davon aus, dass jemand nie zu 0 % oder zu 100 % motiviert ist, sondern sich dazwischen auf einem Kontinuum bewegt. Die vorhandene Motivation – auch wenn die Demotivation proportional überwiegt – kann aufgegriffen und ausgebaut werden. Die Veränderung soll gefördert und nicht erzwungen werden (Fuller und Taylor 2012).

Skepsis gegenüber einer Veränderung wie beispielsweise das Annehmen einer Lernherausforderung entsteht dadurch, dass der Mitarbeiter Befürchtungen oder andere Beweggründe hat, denen begegnet werden muss. Dem Vorgesetzten ist das Ziel oft klarer, weil er sich schon länger mit dem Thema auseinandergesetzt hat. Diese zeitliche Lücke gilt es zu überbrücken, sodass der Vorgesetzte auf die innere Phase des Mitarbeiters eingeht und nicht auf seine eigene (Miller et al. 1999).

Die Motivierende Gesprächsführung geht von einer Grundhaltung der Partnerschaftlichkeit aus, d. h. das Gespräch erfolgt auf Augenhöhe. Dies kann für Führungskräfte eine Umstellung bedeuten, wenn sie ihre Kommunikation sonst eher so gestalten müssen, dass sie Anweisungen geben, die wenig hinterfragt werden. Das Ziel ist jedoch zunächst, z. B. durch offene Fragen die Perspektive des Mitarbeiters zu erkunden, um eine gemeinsame Gesprächsbasis herzustellen. Ziel des Gespräches ist eine ausgewogene Entscheidung (Miller et al. 1999).

Dies kann zunächst dadurch erreicht werden, dass die Führungskraft Empathie ausdrückt oder auch negative Gefühle validiert („Das ist ganz normal. Jeder würde kalte Füße bekommen, wenn er vor so einer Entscheidung steht").

Aktives Zuhören spielt hier eine wichtige Rolle:

- offene, zugewandte Körperhaltung, den Mitarbeiter anschauen
- während der Redephasen des Mitarbeiters nicken, „m-hm" sagen
- Gesprächsabschnitte in eigenen Worten wiederholen, um sicherzustellen, dass man das verstanden hat, was der Mitarbeiter sagen wollte, und dass kein wichtiger Aspekt fehlt

Ein Schlüssel, um das Gespräch in Richtung Veränderungsbereitschaft zu lenken, ist das Aufzeigen von Diskrepanzen: „Einerseits möchtest du gute Arbeit leisten. Andererseits kannst du dir nicht vorstellen, eine Schulung zum neuen Betriebssystem zu besuchen. Wie genau kannst du gute Arbeit sicherstellen, wenn wir das System in einem halben Jahr einführen?" Auf diese Weise wird dem Mitarbeiter gezeigt, dass zwischen seinem aktuellen Verhalten und seinen (eigenen!) Zielen oder Werten ein Widerspruch besteht (Miller et al. 1999).

Häufig reagieren Mitarbeiter auf Veränderungsbotschaften mit Widerstand. Dies ist eine recht nachvollziehbare Reaktion: Im Moment handeln sie innerhalb eines funktionierenden Systems und sind dort erfolgreich. Wer kann ihnen garantieren, dass sie nach einer Neuerung (z. B. neue Arbeitsaufgabe) immer noch gute Arbeit leisten und alles bewältigen können? Aus der Unsicherheit heraus entspringt der Wunsch, alles beim Alten zu belassen.

Maurer (1996) führt aus, dass Widerstand auf drei Ebenen entstehen kann:

- „Ich versteht es nicht": Der Mitarbeiter hat den Sinn der Veränderung noch nicht verstanden. Die Vorteile sind noch nicht klar, es fehlen Informationen. Dieser Widerstand wird sich durch Sachinformationen verringern.
- „Ich mag es nicht": Der Mitarbeiter hat Vorbehalte zur Veränderung, weil er den Status quo vorzieht – beispielsweise, weil die neue Situation erst einmal Angst auslösend ist. Wird er immer noch kompetent handeln und gute Arbeitsqualität abliefern können? Muss er bestimmte, lieb gewonnene Kompetenzen aufgeben? Widerstand auf dieser Ebene kann nicht mit bloßen Sachargumenten begegnet werden, weil diese lediglich eine „Ja, aber"-Antwort provozieren.

- „Ich mag dich nicht": Die Veränderung wird abgelehnt, weil sie von einer Person angeregt wird, mit der ein Beziehungskonflikt besteht. Hier muss entweder der Beziehungskonflikt zuerst bereinigt oder die Veränderung von jemand anders geleitet werden.

Interessant ist in diesem Zusammenhang auch die Erkenntnis, dass Widerstand immer damit zu tun hat, dass Mitarbeiter Energie darauf verwenden, ihn zu leisten. Daraus lässt sich schließen, dass ihnen das Unternehmen nicht egal ist – eine wertvolle Ressource. Durch Gespräche lässt sich in vielen Fällen eine optimierte Lösung erarbeiten (Maurer 1996).

Die Motivierende Gesprächsführung schlägt vor, Widerstand nicht direkt zu begegnen, indem nur Sachargumente für eine Veränderung vorgebracht werden. Ratsamer sei es, zu neuen Perspektiven einzuladen anstatt sie vorzuschreiben (Miller et al. 1999).

Gerade in Bezug auf Veränderungen und Lernherausforderungen ist es wichtig, dass die Mitarbeiter eine starke Selbstwirksamkeit haben, d. h. dass sie davon überzeugt sind, erfolgreich handeln zu können (Bandura 1997). Die Führungskraft kann dies fördern, indem sie auf bestimmte Stärken des Mitarbeiters hinweist.

Wenn ein Mitarbeiter nach seinen Stärken gefragt wird, kann es sein, dass er dazu erst einmal nichts sagen kann, weil es für ihn ungewohnt ist, darüber nachzudenken. Eine Möglichkeit besteht darin, nach vergangenen Erfolgen zu fragen und nachzuhaken, welche Stärken der Mitarbeiter in dieser Situation nutzen konnte. Oft ist auch hier etwas „Übersetzungsarbeit" notwendig:

> **Beispiel für „Übersetzungsarbeit", um Stärken herauszuarbeiten**
> **Vorgesetzter:** Ich denke gerade daran, wie du dich letztes Jahr ganz allein durch das Handbuch für die neue Anlage durchgearbeitet hast. Wie hast du das geschafft?
> **Mitarbeiter:** Naja, ich hab mir halt immer ein bisschen was vorgenommen und das dann durchgearbeitet.
> **Vorgesetzter:** Ja, und das über 300 Seiten! Du bist wirklich zielstrebig und setzt einiges daran, eine Aufgabe zu einem guten Ende zu führen

Die Motivierende Gesprächsführung geht davon aus, dass ein Veränderungsgespräch in vier Phasen abläuft, in denen der Veränderungswille des Mitarbeiters graduell zunimmt. Es kann auch Rückschritte geben, wenn das Gesprächstempo zu schnell wird oder im Laufe des Gespräches noch weitere Vorbehalte an die Oberfläche kommen. Aufgabe der Führungskraft ist es, die Phase richtig zu erkennen und individuell auf sie einzugehen (Miller et al. 1999; Fuller und Taylor 2012).

Phase I: Beibehalten wollen („sustain talk")
Kennzeichen: Der Mitarbeiter möchte keine Veränderung, sondern den Status quo beibehalten. Eventuell ist ihm der Sinn der Veränderung nicht klar oder er hat Befürchtungen.
Beispielaussage: „Das haben wir schon immer so gemacht und es war immer gut."
Mögliche Reaktion der Führungskraft: Empathie zeigen, offene Fragen stellen, den Mitarbeiter seine Perspektive erläutern lassen.

Phase II: Widerstand („resistance talk")
Kennzeichen: Verstärkte Form des Beibehaltenwollens. Die Situation ist durch Sachargumente nicht zu beheben.
Beispielaussage: „Da lasse ich mich auf keinen Fall drauf ein. Das ist doch Quatsch."
Mögliche Reaktion der Führungskraft: Dem Mitarbeiter noch mehr Zeit geben, behutsam vorgehen, Vorbehalte ernst nehmen

Phase III: Veränderungswille („change talk")
Kennzeichen: Der Mitarbeiter äußert, dass er sich einer Veränderung vorstellen kann. Dies kann noch sehr zaghaft sein.
Beispielaussage: „Eigentlich würde das schon Sinn machen, aber ich kann das zeitlich nicht einrichten."
Mögliche Reaktion der Führungskraft: Vorbehalte aufnehmen, auf der vorhandenen Motivation aufbauen

Phase IV: Selbstvertrauen („confidence talk")
Kennzeichen: Unterart von Veränderungswillen. Der Mitarbeiter ist zur Veränderung bereit und schmiedet konkrete Pläne.
Beispielaussage: „Ich denke schon, dass ich das hinbekomme. Zur Not frage ich nochmal nach."
Mögliche Reaktion der Führungskraft: Selbstwirksamkeit stärken. Darauf hinweisen, dass es auch Rückschläge geben könnte und dafür Handlungsoptionen besprechen.

Erst wenn der Umsetzungswille des Mitarbeiters stark genug ist und die Führungskraft den Eindruck hat, dass er auch die erste Schlechtwetterphase überstehen wird, sollten konkrete Schritte besprochen werden. Eine belastbare Zielvereinbarung (SMART) und ein konkreter Zeitplan sind hier hilfreich.

Wie in der Beratung auch, empfiehlt es sich, bei der Suche nach Lösungen nicht sofort etwas Konkretes vorzuschlagen, sondern zunächst den Mitarbeiter überlegen zu lassen. Selbst entwickelte Lösungen werden wesentlich besser angenommen als solche, die von außen herangetragen werden. Bevor ein Ratschlag gegeben wird, sollte man um Erlaubnis bitten, zum Beispiel: „Ich habe da eine Idee. Möchtest du sie hören?"

Fallbeispiel: Ein motivierendes Gespräch

Schichtmeister Herbert spricht seinen Mitarbeiter Klaus auf Entwicklungsmöglichkeiten an.

Herbert: Klaus, ich möchte noch mal mit dir darüber sprechen, was gestern passiert ist. Da gab es ja diesen Bedienfehler an der ABC-Maschine und wir hatten 3 h Stillstand.
Klaus: Ja, das war schon doof.
Herbert: Was genau ist passiert?
Klaus: Naja, ich habe sie eigentlich bedient wie immer und dann ist diese Warnleuchte angegangen. Ich dachte, das hätte mit der Auslastung zu tun, daher habe ich die Motoren einfach langsamer laufen lassen. In Wirklichkeit war aber etwas verkeilt und das hat am Ende die ganze Maschine blockiert. Als ich das gemerkt habe, habe ich sie natürlich sofort angehalten.
Herbert: Du hast dich also bemüht, den Fehler zu finden, aber es hat zu lange gedauert.
Klaus: Genau. Die Maschine ist ja noch recht neu und ich habe vorher noch nie mit dieser Art gearbeitet. Die Einführungsveranstaltung war einfach zu kurz. Danach konnte ich die Maschine bedienen, aber nicht mit allen Fehlermeldungen umgehen.
Herbert: Was hast du gemacht, um die Maschine besser kennenzulernen?
Klaus: Naja, ich hab mich da so reingefuchst. Immer mal wieder in der Bedienungsanleitung gelesen und auch mal nen Kollegen gefragt.
Herbert: Klaus, ich finde es sehr gut, dass du jemand bist, der die Ärmel hochkrempelt und an die Arbeit geht. Du hast dir die Bedienung zu großen Teilen selbst beigebracht – das ist schon eine beachtliche Leistung und damit bist du weit gekommen. Aber die Situation gestern war einfach zu viel.

7.5 Lernblockaden begegnen: Motivierende Gesprächsführung

Klaus: Ja, das hat mich ganz schön gestresst, weil ich den Fehler nicht finden konnte.
Herbert: Klaus, kann ich dir einen Vorschlag machen? (Klaus nickt.) Es gibt demnächst eine ABC-Schulung in Oldenburg über zwei Tage, da würdest du die Maschine noch mal viel besser kennenlernen.
Klaus: Oldenburg? Ich weiß nicht.
Herbert: Ich sehe, dass du die Stirn runzelst.
Klaus: Ich glaube, das ist nichts für mich.
Herbert: Wie kommst du zu dem Schluss, dass diese Schulung nichts für dich ist?
Klaus: Das kann ich gar nicht so genau sagen. Meine letzte Schulung ist schon länger her. Wahrscheinlich kann ich eh nichts mehr dazulernen.
Herbert: Befürchtest du, dass du es nicht schaffst, aus dem Seminar etwas mitzunehmen?
Klaus: Ich bin schließlich schon 55, da lernt man nichts mehr dazu.
Herbert: Ach so, es geht gar nicht um die Schulung, sondern du glaubst, dass du zu alt bist, um noch lernen zu können.
Klaus: Ja, jetzt noch mal die Schulbank drücken! Und dann sitzen da bestimmt lauter junge Studenten neben mir, die alles besser verstehen und ich stelle nur dumme Fragen.
Herbert: Du möchtest dich nicht blamieren, wenn du dort die Fragen stellst, die für deine Arbeit wichtig sind.
Klaus: Ja, Herbert, du weißt, dass ich gute Arbeit machen will, aber ich will einfach nicht dort in der Gruppe wie ein Depp dastehen. Die wissen doch bestimmt alle mehr als ich!
Herbert: Das ist ja ganz schön schwierig. Einerseits brauchst du das Wissen dringend, damit du hier gut auf Zwischenfälle reagieren kannst, andererseits befürchtest du, dass du im Seminar schlecht dastehst. Was würde passieren, wenn du nicht hingehst?
Klaus: Naja, dann kann es schon sein, dass so was wie gestern noch mal passiert. Obwohl ich mir echt Mühe gebe, alles richtig zu machen.
Herbert: Was müsste anders sein, damit es dir leicht fällt, am Seminar teilzunehmen?
Klaus: Also, wenn ich wüsste, dass da nicht nur so junge Hüpfer sind, die direkt von der Uni kommen...

Herbert:	Also, dieses Seminar ist eigentlich für Praktiker. Ich war mal bei einem anderen Seminar von dieser Firma. Da waren viele Teilnehmer über 40, die mitten im Berufsleben standen.
Klaus:	Aber es kann sein, dass das nur das eine Mal so war und bei mir anders ist.
Herbert:	Das stimmt, genau sagen kann ich dir das nicht. Aber gibt es noch etwas, was dir helfen könnte?
Klaus:	Also, wenn der Achmed noch mitkommt, der ist ja in meinem Alter und könnte das Wissen eigentlich auch ganz gut brauchen.
Herbert:	Das stimmt, er ist ja in einer ähnlichen Situation wie du. Dann melde ich euch beide einfach gemeinsam für denselben Lehrgang an.
Klaus:	Okay.
Herbert:	Gut, ich fasse noch mal zusammen. Was gestern passiert ist, war ein Bedienfehler, weil dir wichtiges Wissen gefehlt hat. Ich melde dich und Achmed jetzt zum nächsten Lehrgang für die ABC-Schulung in Oldenburg an. Dann bekommt ihr noch mal mehr Hintergrundwissen zur Funktionsweise der Anlage.
Klaus:	Okay, machen wir so!

Die hier dargestellten Themen wurden von den teilnehmenden Führungskräften sehr interessiert aufgenommen. Häufig kamen nach der Hinleitung zum Thema noch Fallbeispiele auf, weil die Führungskräfte erst jetzt Gelegenheit hatten, über Lernblockaden ihrer Mitarbeiter ausgiebig zu reflektieren. Die lange Beschäftigung mit den möglichen Ursachen von Lernblockaden wurde als hilfreich dafür empfunden, sich in die individuellen Situationen der Mitarbeiter einzufühlen. Die Rollenspiele, um die Methoden der Motivierenden Gesprächsführung einzuüben, wurden überraschend engagiert angenommen. In den Übungen zeigte sich, dass die Teilnehmer es schafften, relativ schnell viele neu gelernte Aspekte unterzubringen.

Literatur

Bandura, A. (1997). *Self-efficacy: The exercise of control*. New York: Freeman.
Beutel, K., & Novak, H. (2001). Rahmenbedingungen und Strukturen der Lernenden Organisation. In H. Bau & D. Schemme (Hrsg.), *Auf dem Weg zur Lernenden Organisation. Lern- und Dialogkultur im Unternehmen* (S. 57–60). Bielefeld: Bertelsmann.

De Lange, A. H., Taris, T. W., Jansen, P., Kompier, M. A., Houtman, I. L., & Bongers, P. M. (2010). On the relationships among work characteristics and learning-related behavior: Does age matter? *Journal of Organizational Behavior, 31*(7), 925–950.

Fuller, C., & Taylor, P. (2012). *Therapie-Tools Motivierende Gesprächsführung.* Weinheim: Beltz.

Fuller, A., & Unwin, L. (2004). Expansive learning environments: Integrating organizational and personal development. In H. Rainbird, A. Fuller, & A. Munro (Hrsg.), *Workplace learning in context* (S. 126–144). London: Routledge.

Kaiser, A., & Kaiser, R. (2010). Probleme besser lösen. Metakognitives Training und Leistung im Alter. *Weiterbildung, 2010*(4), 8–11.

Maurer, R. (1996). *Beyond the wall of resistance: Unconventional strategies that build support for change.* Austin: Bard.

Miller, W. R., Rollnick, S., & Kremer, G. (1999). *Motivierende Gesprächsführung: Ein Konzept zur Beratung von Menschen mit Suchtproblemen.* Freiburg: Lambertus.

Pätzold, G., & Lang, M. (1999). *Lernkulturen im Wandel. Didaktische Konzepte für eine wissensbasierte Organisation.* Bielefeld: Bertelsmann.

Rochat, S., & Rossier, J. (2016). Integrating motivational interviewing in career counseling: A case study. *Journal of Vocational Behavior, 93,* 150–162.

Roxå, T., & Mårtensson, K. (2015). Microcultures and informal learning: A heuristic guiding analysis of conditions for informal learning in local higher education workplaces. *International Journal for Academic Development, 20*(2), 193–205.

Tews, M. J., Noe, R. A., Scheurer, A. J., & Michel, J. W. (2016). The relationships of work–family conflict and core self-evaluations with informal learning in a managerial context. *Journal of Occupational and Organizational Psychology, 89,* 92–110.

Unwin, L. (2004). Taking an expansive approach to workplace learning: Implications for guidance. Centre for Guidance Studies, Occasional Paper. http://citeseerx.ist.psu.edu/viewdoc/download?doi=10.1.1.201.7644&rep=rep1&type=pdf.

8 Zwischenbemerkung: Lerntransfer

> **Zusammenfassung**
> Das wichtigste Element von Schulungen besteht darin, dass die Teilnehmer das erworbene Wissen in der Praxis auch anwenden. Bei nicht erfolgtem Transfer waren sowohl das Lernen als auch die investierten Kosten vergeblich. Das Kapitel stellt einige Ansätze vor, wie Transfer sichergestellt und auch gemessen werden kann.

Ein Aspekt, der einerseits zentral für den Lernprozess ist, aber andererseits in Schulungen häufig aus Zeitmangel vernachlässigt wird, ist die Sicherstellung des Transfers. Dabei sollen die Teilnehmer das Seminar Revue passieren lassen und sich überlegen, welche Aspekte sie in der Zukunft wie umsetzen wollen. Da gerade komplexe Inhalte schnell wieder vergessen werden können, ist ein Nachdenken über den Transfer nach der Schulung oft zu spät; außerdem rutscht es im Tagesgeschäft auf der To-do-Liste schnell nach unten und wird dann komplett vergessen. Dadurch verringert sich natürlich der Return on Investment.

8.1 Ebenen von Lerntransfer

Künzli (2010) berichtet mit Rückgriff auf Kirkpatrick und Phillips von verschiedenen Ebenen, auf denen ein Trainingstransfer gemessen werden kann:

- **Reaktionen:** Erleben der Teilnehmer – dieses Feedback wird oft direkt vom Trainer eingeholt und kann ggf. erfragt werden
- **Lernen:** Erwerb von Kenntnissen und Kompetenzen – wie der Fortschritt in diesem Bereich aussieht, können die Teilnehmer berichten, entweder durch ein Feedback oder durch das Ausfüllen eines Wissenstests

- **Verhalten:** Anwendung des Gelernten – Eine Verhaltensänderung wird dem Vorgesetzten, den Kollegen oder den Mitarbeitern des Teilnehmers auffallen. Gerade bei Soft-Skill-Schulungen kann es aber einige Zeit dauern, bis ein günstiger Moment gekommen ist, in dem der Teilnehmer sein neues Wissen in die Praxis umsetzen kann
- **Resultate:** Betriebswirtschaftlicher Nutzen für die Organisation – messbare Resultate sind bei Soft-Skill-Schulungen, wie sie in diesem Buch vorgestellt werden, relativ schwer zu greifen.

Ein Beispiel aus unserer Praxis: Ein Mitarbeiter kam zur Lernberatung, weil er sich in einer aufwendigen Weiterbildung befand. Seine Leistungen in den wöchentlichen Wissenstests waren jeweils so schlecht ausgefallen, dass das Weiterbildungsinstitut damit drohte, die Ausbildung zu beenden – damit wären die Kosten umsonst investiert worden. Durch die Lernberatung konnte der Mitarbeiter einen guten Abschluss machen, d. h. die Mittel waren erfolgreich investiert und er konnte in einem komplett neuen Aufgabenfeld eingesetzt werden.

- **Return on Investment:** Man kann obiges Beispiel fiktiv weiterführen und annehmen, dass der Mitarbeiter durch die Schulung zu einem besseren Kundenberater geworden wäre. Wenn seit seinem Einsatz in diesem Bereich die Kundenaufträge sich vermehrt hätten, sodass die Einnahmen im Laufe des Prozesses die Weiterbildungskosten überstiegen, wäre dies als ROI zu werten.

Gerade weil wir ein lernorientiertes Konzept entwickelt haben, legen wir großen Wert darauf, dass in den Schulungen (Lernfitnesstraining für Mitarbeiter und Führungskräfte-Training) ausreichend Zeit für eine Transferplanung vorhanden ist. Um den Teilnehmern die Überführung komplexer Zusammenhänge in den Alltag zu erleichtern, werden sie gebeten, sich zunächst nur einen bis drei Punkte zu überlegen, die sie *sofort* umsetzen wollen – d. h. entweder am nächsten Tag oder spätestens in der nächsten Woche. Dadurch wird im Gehirn eine neuronale Verknüpfung zwischen den Schulungsinhalten und dem Arbeitsalltag hergestellt, die es im Folgenden ermöglicht, immer mehr Aspekte in die Praxis zu überführen.

Weitere Aspekte, die im Transfer angesprochen werden sollten, sind:

- **Zielüberpüfung:** Warum bin ich hergekommen? Was war mein Ziel? Inwieweit habe ich mein Ziel erreicht? Braucht es – außerhalb der Schulung – noch mehr, um das Ziel zu erreichen?
- **Umsetzung:** Wie geht es weiter? Was sind nächste Schritte? Woran merken meine Kollegen/Kunden, dass ich hier war?

- **Mögliche Schwierigkeiten:** Was wird den Transfer in den Alltag erschweren? Wie kann ich damit umgehen? Welche Alternativen habe ich?

Es empfiehlt sich, dass die Teilnehmer die Antworten schriftlich festhalten. Eine Möglichkeit besteht darin, dass ihnen das Transferblatt nach einer verabredeten Zeit (z. B. nach zwei Monaten) zugeschickt wird, sodass sie eine Erinnerung daran bekommen, ihre Umsetzungsziele noch einmal zu überprüfen und den Transfer ggf. stärker zu forcieren.

Literatur

Künzli, H. (2010). Evaluation von Lernprozessen – Wirksamkeit, Wirtschaftlichkeit und Nachhaltigkeit. In C. Negri (Hrsg.), *Angewandte Psychologie für die Personalentwicklung. Konzepte und Methoden für Bildungsmanagement, betriebliche Aus- und Weiterbildung* (S. 264–279). Berlin: Springer.

9 Tool E: Transfer in den Alltag: Lern-VLOG

Zusammenfassung

Das Lern-VLOG ist eine Serie von Videoclips, die wissenschaftlich fundierte Modelle in eine Alltagssprache übersetzen. Anhand von Beispielen aus der Produktion im Betrieb zeigen sie auf, wie verschiedene Lerntechniken im Alltag genutzt werden können.

9.1 Zielsetzung

Um den Transfer von – relativ theorieorientiertem – Lernwissen in den Arbeitsalltag zu erleichtern, wurde im Rahmen des Projektes das „Lern-Vlog" entwickelt. Ein Vlog ist eine Folge in einem Art Videotagebuch, wie es auf Youtube zu allen denkbaren Themen sehr beliebt ist. Für unser Themenfeld verstehen wir den Begriff „VLOG" als Abkürzung für „Vielfältiges Lernen Optimal Gestalten".

Das Vlog soll auf niedrigschwellige, lockere Art und Weise für das Thema Informelles Lernen sensibilisieren und zu einer Optimierung des Lernverhaltens im Arbeitsalltag anregen. Die 3- bis 6-minütigen Clips stellen jeweils einen Sachverhalt aus dem Themenfeld Lernen, zum Beispiel ein wissenschaftliches Modell, anhand eines Beispiels aus der Produktion vor. Beispielsweise wird das Thema „Problemlösen" (Kaiser und Kaiser 2011) mit dem Beschickungsprozess am Hochofen verglichen (siehe Abb. 9.1).

Auf diese Weise bekommen die Mitarbeiter abstrakte Sachverhalte anhand von bekannten Beispielen erklärt. Sie können eine visuelle und gedankliche Verbindung zum Thema aufbauen und bekommen Anregungen für die Umsetzung in ihrem Arbeitsalltag.

Abb. 9.1 Screenshot aus einem Lern-VLOG

Die Clips werden im Intranet zur Verfügung gestellt, sodass Mitarbeiter mit PC-Zugang sie während der Arbeit ansehen und die Inhalte im Anschluss direkt vorstellen können.

Das Feedback der Nutzer zum ersten Probeclip war positiv, sodass wir unter den Mitarbeitern eine Abfrage starteten, welche Themen sie für dieses Format ebenfalls interessant fänden. Am Stil der Aufnahmen gefiel den Zuschauern, dass die „Handarbeit" sichtbar war, d. h. keine computerbasierte Animation, sondern Zeichnungen auf Papier verwendet wurden. Dies macht das Material authentisch und lebensnah.

Literatur

Kaiser, A., & Kaiser, R. (2011). Kompetenzerwerb und Leistung im Alter – Bedingungsfaktoren und Effekte. Ergebnisse des Projekts KLASSIK. http://www.die-bonn.de/doks/report/2011-weiterbildungsforschung-06.pdf.

10 Exkurs: Zielgruppe Produktionsmitarbeiter

Zusammenfassung

Produktionsbetriebe profitieren davon, die Lernkompetenz ihrer Mitarbeiter zu stärken. Aufgrund einiger strukturellen Besonderheiten dieser Gruppe stellen wir in diesem Kapitel einige kleine Anpassungen vor, durch die die Trainings aus der hier vorgestellten Toolbox für die Zielgruppe der Produktionsmitarbeiter zugeschnitten werden können.

10.1 Industrie im demografischen Wandel

Das hier vorgestellte Projekt „Lebenslanges Lernen im demografischen Wandel" wurde bei der ArcelorMittal Bremen GmbH, einem Stahlproduzenten, durchgeführt. Dieses Setting beinhaltete einige interessante Besonderheiten. Erstens war der Altersdurchschnitt zu Projektbeginn mit 44 Jahren relativ hoch. Ältere Mitarbeiter können nicht immer bis zur Berentung an einem Arbeitsplatz bleiben, da es in der Produktion viele belastende Arbeitsbedingungen gibt (z. B. Schichtarbeit, Arbeiten in großer Hitze etc.). Um diese Mitarbeiter an anderen Stellen des Unternehmens einsetzen zu können, ist ein Umlernen erforderlich. Dies fordert von den Mitarbeitern Lernkompetenz.

Zweitens ist die Stahlbranche im Wandel. Wie die Wirtschaftsvereinigung Stahl (2016) eindrücklich berichtet, ist die Stahlerzeugung in Deutschland zwischen 1980 und 2015 zwar ungefähr gleich geblieben, aber die Anzahl der Mitarbeiter hat sich im selben Zeitraum von 288.000 auf 86.000 drastisch verringert. Wurden 1980 pro Beschäftigtem noch jährlich 152 t Rohstahl produziert, so sind es heute 495 t – das entspricht einer Steigerung um 226 %.

Diese Zahlen lassen erahnen, welchen technologischen Veränderungen Mitarbeiter in der Stahlbranche ausgesetzt sind. Dies und die aktuelle Digitalisierung in der Industrie fordern ein ständiges Lernen und eine stetige Weiterentwicklung von Wissen. Wenn Mitarbeiter nicht wissen, wie sie diese Herausforderungen angehen sollen, kann dies schnell nicht nur in geringerer Produktivität münden, sondern auch in einem Gefühl von Verunsicherung und Angst seitens der Mitarbeiter.

Vor diesem Hintergrund erstaunt es eigentlich, dass Lernkompetenz bis heute kein verpflichtendes Thema in den Curricula der Berufsausbildung ist.

Lernen im Produktionskontext ist völlig anders strukturiert als Lernen von Mitarbeitern, die an einem Schreibtisch arbeiten und damit u. a. problemlosen Zugang zum Internet haben. Die Aufgaben von Produktionsmitarbeitern sind stärker an physischen Handlungen orientiert und werden mit Werkzeugen durchgeführt (Schreuder et al. 2008). Neues, das gelernt werden muss, ist oft erfahrungsbasiert und besteht in der Umsetzung von Bewegungsabläufen und der Anwendung von Vorgaben.

Die meisten Lernstrategien, die man heute in der Literatur finden kann, beziehen sich auf eher schulorientiertes Lernen, z. B. zum möglichst effizienten Lesen von Büchern oder der Anordnung von neu erworbenem Faktenwissen in einer MindMap (siehe z. B. Müller et al. 2005). Marsick und Watkins stellten schon 1990 fest, dass im Produktionsbereich eher informelles Lernen vorherrsche. Dies spielt inzwischen in allen Bereichen des arbeitsplatzbezogenen Lernens eine herausragende Rolle (Marsick 2006).

Um auf das Modell des *expansive-restrictive continuum* zurückzukommen (Unwin 2004; Fuller und Unwin 2004), stellen Stroud und Fairbrother (2008) fest, dass Produktionsmitarbeiter sich meist in einem restriktiven Lernkontext befinden. Dies gelte insbesondere für Mitarbeiter, die keine Führungsposition innehaben. Hierin sehen sie langfristig eine Gefahr für die Beschäftigungsfähigkeit der Mitarbeiter – gerade vor dem Hintergrund der vielen Veränderungen, vor denen die Branche derzeit steht.

Wichtig ist hier hervorzuheben, dass informelles Lernen weder grundsätzlich „schlechter" oder „minderwertig" sei, weil es weniger kostet, noch „besser" als formelles Lernen, weil es intensiver in den Arbeitsablauf integriert ist (Stroud und Fairbrother 2008). Vielmehr muss eine Lösung gefunden werden, formelle und informelle Lernformen so zu strukturieren, dass sie ein rundes Weiterbildungskonzept bilden (Malcolm et al. 2003).

An dieser Stelle setzt die hier vorgestellte Toolbox an. In formellen, strukturierten Weiterbildungsangeboten werden die Mitarbeiter darin geschult, ihr informelles Lernverhalten zu optimieren. Das Führungskräftetraining soll eine lernförderliche Teamatmosphäre begünstigen. Grundsätzlich sind diese Konzepte in jede Branche übertragbar. An dieser Stelle möchten wir jedoch noch auf einige methodische Punkte eingehen, mit denen wir unsere Konzepte auf die Zielgruppe der Produktionsmitarbeiter angepasst haben. Rückmeldungen von anderen Unternehmen, denen bei Vorträgen das Projekt vorgestellt wurde, ergaben, dass von diesen Punkten auch Teilnehmer aus anderen Bereichen profitieren werden.

10.2 Methodische Ausrichtung auf die Zielgruppe

Bei einer Betrachtung der Teilnehmer unseres Lernfitnesstrainings nahmen wir folgende Merkmale wahr:

- der Altersdurchschnitt war mit 54 Jahren (± 6 Jahren) relativ hoch
- viele dieser Mitarbeiter sind „Quereinsteiger", d. h. sie haben ihre Berufsausbildung in einem anderen Bereich absolviert (z. B. Koch, Bäcker) und sind später in die Stahlbranche gewechselt
- viele haben einen relativ niedrigen Schulabschluss (z. B. Hauptschule) und Schwierigkeiten mit dem Lesen und Schreiben
- das kann auch daran liegen, dass der Anteil derjenigen Mitarbeiter relativ hoch ist, deren Muttersprache nicht Deutsch ist
- häufig ist die letzte formelle Lernphase schon einige Zeit her.

Es ist aus dieser Aufzählung ersichtlich, dass klassische Lernkonzepte mit Gruppenarbeiten, Flipchartgestaltung, teamförderlichen Spielen und theoretisch orientierten Inputs fehl am Platze wären. Daher haben wir bei der Gestaltung der Einheiten des Lernfitnesstrainings folgende Punkte beachtet:

Ein großer Schlüssel liegt offensichtlich in der Sprache. Wenn Schachtelsätze und Fremdwörter vermieden werden, können die Teilnehmer besser am Ball bleiben. Was jedoch den Produktionsprozess betrifft, sind den Teilnehmern die Fremdwörter bekannt. Wenn der Trainer die Grundlagen der Arbeitsabläufe kennt, ist eine gute Basis vorhanden, um über lebendige Lernbeispiele aus dem Alltag zu sprechen.

Die Herausforderung eines solchen Trainings liegt darin, abstrakte theoretische Modelle in den Alltag der Teilnehmer zu übertragen. Daher sollte eng mit den Beispielen gearbeitet werden, die die Teilnehmer einbringen. Die anfängliche Frage nach Lernsituationen stimmt sie einerseits auf das Thema ein und liefert andererseits dem Trainer eine große Menge an Anknüpfungsmöglichkeiten.

Theoretische Modelle sollten analog mit wenigen Fremdwörtern und mit bildhaften Beispielen vorgestellt werden (z. B. „Problemlösen" statt „metakognitive Kompetenz"). Die Nutzung von Metaphern und Bildern aus der Technik erleichtert den Praxistransfer. Das Auto bietet sich hier als allgemein verständliche Referenz an, zu der jeder bereits einen Bezug hat. Zum Beispiel kann die Stärken-Schwächen-Analyse als „Bremse und Gaspedal" vorgestellt werden.

Die Entfernung der Produktions-Arbeitswelt zur Wissenschaft verleitet leicht dazu, die Fähigkeiten der Teilnehmer zu unterschätzen. Hier ist zu bedenken, dass Teilnehmer aus der Produktion durchaus komplexe Aufgaben erledigen und mit technischen Modellen arbeiten, die einiges an Vorwissen erfordern. Ein Austausch auf Augenhöhe wurde in unseren Trainingsgruppen unter anderem dadurch möglich, dass wir den Teilnehmern die Erkenntnisse aus der statistischen Fragebogenauswertung detailliert vorstellten und dabei auch die Verfahren erklärten, mit denen wir zu diesen Ergebnissen gekommen waren. Dies stieß allgemein auf großes Interesse.

Auch das Setting kann so gestaltet werden, dass eine produktive Arbeitsatmosphäre entsteht. Bei Teilnehmern, die normalerweise wenig sprachaffine Tätigkeiten ausüben, lassen sich auf folgendem Weg Berührungsängste minimieren:

- Schreibaufgaben werden durch den Trainer durchgeführt, die Teilnehmer müssen nur diktieren
- Flipcharts werden mit Tabellen und kleinen Symbolen strukturiert, die eine Orientierung erleichtern; der Trainer zeigt immer auf die Punkte am Flipchart, über die er gerade spricht, damit die Teilnehmer diese nicht selbst suchen müssen
- exemplarische Gedächtnisübungen werden mit Zahlen, nicht mit Worten durchgeführt
- Teilnehmer, deren Muttersprache nicht Deutsch ist, bekommen Arbeitsblätter in ihrer Sprache und werden ermuntert, diese auch in ihrer Sprache auszufüllen. Für die Nachbesprechung reicht eine mündliche Zusammenfassung auf Deutsch, was normalerweise problemlos möglich ist, da viele Teilnehmer zwar viel Deutsch sprechen, aber wenig schreiben.

Nach unserer Erfahrung ist für die Effektivität eines Lernfitnesstrainings ausschlaggebend, ob das Training die Sprache der Teilnehmer spricht. Wenn dies der Fall ist, können die Teilnehmer die angebotenen Modelle und Handlungsoptionen gut in ihren Alltag übertragen.

Literatur

Fuller, A., & Unwin, L. (2004). Expansive learning environments: Integrating organizational and personal development. In H. Rainbird, A. Fuller, & A. Munro (Hrsg.), *Workplace learning in context* (S. 126–144). London: Routledge.

Malcolm, J., Hodkinson, P., & Colley, H. (2003). The interrelationships between informal and formal learning. *Journal of Workplace Learning, 15*(7/8), 313–318.

Marsick, V. (2006). Informal strategic learning in the workplace. In N. Streumer (Hrsg.), *Work-related learning* (S. 51–69). Dordrecht: Springer.

Marsick, V. J., & Watkins, K. E. (1990). *Informal and incidental learning in the workplace.* London: Routledge.

Müller, R., Jürgens, M., Krebs, K., & Prittwitz, J. von. (2005). *30 Minuten für effektive Selbstlerntechniken.* Offenbach: Gabal.

Schreuder, K. J., Roelen, C. A. M., Koopmans, P. C., & Groothoff, J. W. (2008). Job demands and health complaints in white and blue collar workers. *Work, 31*(4), 425–432.

Stroud, D., & Fairbrother, P. (2008). The importance of workplace learning for trade unions: A study of the steel industry. *Studies in Continuing Education, 30*(3), 231–245.

Unwin, L. (2004). Taking an Expansive Approach to Workplace Learning: Implications for Guidance. Centre for Guidance Studies, Occasional Paper. http://citeseerx.ist.psu.edu/viewdoc/download?doi=10.1.1.201.7644&rep=rep1&type=pdf.

Wirtschaftsvereinigung Stahl (2016). Fakten zur Stahlindustrie in Deutschland 2016. http://www.stahl-online.de/wp-content/uploads/2013/12/Fakten_Stahlindustrie_2016_V2.pdf.

Fazit: Auswertung zur Effektivität der Tools 11

> **Zusammenfassung**
> Das Lernfitnesstraining und das Führungskräfte-Training wurden hinsichtlich ihrer Effektivität statistisch ausgewertet. Unsere Analysen zeigen, dass die thematisierten Module (z. B. „Alter und Lernen" oder „Feedback geben") von den Teilnehmern erfolgreich umgesetzt wurden. Die Führungskräfte konnten zudem ihre Mitarbeiter dazu anregen, ihren Wissensaustausch proaktiver und lebendiger zu gestalten.

Da unser Projekt eine wissenschaftliche Fundierung hat, wurden die umfangreicheren Tools – das Lernfitnesstraining für Mitarbeiter und das Führungskräfte-Training – mittels einer Fragebogenerhebung ausgewertet. Die Gruppen bekamen denselben Fragebogen sowohl vor dem Training als auch einige Zeit (ca. einen Monat) danach. Wir wollten erfahren, in welchen Bereichen sich durch die Trainings etwas ändert. Dabei untersuchten wir drei Gruppen:

- Die Gruppe der Mitarbeiter, die am Lernfitnesstraining teilgenommen haben
- Die Gruppe der Mitarbeiter, deren Führungskräfte am Führungskräfte-Training teilgenommen haben (schließlich sollte die Maßnahme ja „bei ihnen ankommen")
- Eine Kontrollgruppe, die den Fragebogen zweimal ausfüllte und danach die Möglichkeit bekam, am Lernfitnesstraining teilzunehmen.

Mit statistischen Methoden wurde dann überprüft, welche Änderungen sich durch die Trainings ergaben. Einige unserer wichtigsten Erkenntnisse werden wir im Folgenden kurz skizzieren.

Einige Themen, die in den Trainings angesprochen wurden, spiegelten sich auch in unserer Befragung wider. So berichteten die Mitarbeiter, deren Führungskräfte trainiert wurden, zum zweiten Messzeitpunkt über mehr Feedback und bessere Unterstützung durch ihre Vorgesetzten beim Lernen (siehe Abb. 11.1 und 11.2).

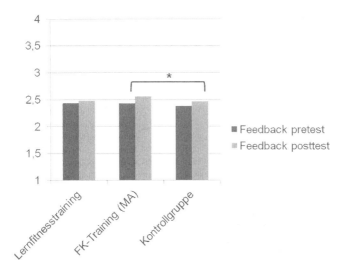

Abb. 11.1 Trainingseffekte bzgl. Erhalten von Feedback

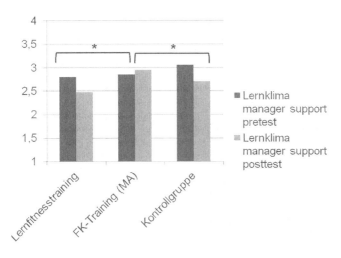

Abb. 11.2 Trainingseffekte bzgl. Lernklima. (Bezug Führungskräfte)

11 Fazit: Auswertung zur Effektivität der Tools

Die Mitarbeiter, die am Lernfitnesstraining teilnahmen, schätzten danach das Altersklima positiver ein (Abb. 11.3). Dies lässt sich damit in Verbindung bringen, dass das Training ein Modul zum Thema „Alter und Lernen" beinhaltete. Hier wurden u. a. Stereotype und Vorurteile thematisiert und wissenschaftliche Erkenntnisse zu Alter und Lernen besprochen.

Interessant ist, dass auch bei den Lernstrategien ein Erfolg gemessen werden konnte, und zwar sowohl für die Lernfitnesstraining-Gruppe als auch für die Mitarbeiter der trainierten Führungskräfte (Abb. 11.4). Im Lernfitnesstraining wurde strategisches Handeln – insbesondere Ziele setzen und Planen – in einem Modul thematisiert. Im Führungskräftetraining kam dies nicht explizit vor. Es kann aber sein, dass die Führungskräfte aus dem Training so viele Erkenntnisse mitgekommen haben, dass sie das Thema Lernen nun viel strategischer angehen konnten.

In der Grafik zeigt sich auch, dass die Kontrollgruppe, die zwischen den beiden Messzeitpunkten kein Training bekam, über weniger planendes Handeln berichtet. Dies zeigt, dass ein Training manchmal auch dazu dienen kann, bestimmte förderliche Handlungsmuster beizubehalten, die ohne Intervention immer seltener auftreten würden.

Das Führungskräfte-Training hatte auch eine positive Auswirkung auf die Generativität und die Proaktivität der Mitarbeiter. Das bedeutet, dass die Mitarbeiter, nachdem ihr Vorgesetzter das Training besucht hatte, stärker die Motivation äußerten, ihr Wissen und ihre Erfahrungen an andere weiterzugeben. Offensichtlich hatten die Führungskräfte hier Impulse gesetzt und Austauschmöglichkeiten

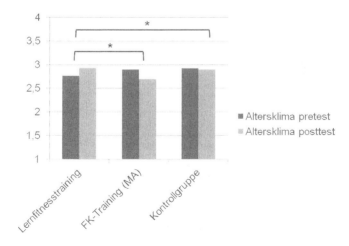

Abb. 11.3 Trainingseffekte bzgl. Altersklima

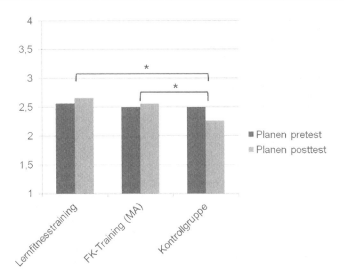

Abb. 11.4 Trainingseffekte bzgl. strategischem Vorgehen beim Lernen

geschaffen. Proaktivität bedeutet, die Initiative zu ergreifend und vorausschauend zu handeln, statt immer nur auf Gegebenes zu reagieren. Auch dies ist ein Verhalten, das eine Führungskraft durch Loben und durch das Schaffen von Strukturen fördern kann. Proaktive Mitarbeiter denken mit, machen Verbesserungsvorschläge und zeigen ein hohes Interesse an den Produktionsabläufen. Dies alles sind Faktoren, die letzten Endes auch dem Unternehmen zugutekommen, wenn es diese Potenziale geschickt nutzt.

Gerade diese Punkte zeigen, dass erfolgreiches Lernen der Mitarbeiter auf vielen Ebenen wirksam wird. Wir sind überzeugt, dass durch die Entwicklung von Lernkompetenzen der Mitarbeiter und durch die Sensibilisierung der Führungskräfte für das Thema Lernen ein wichtiger Wettbewerbsvorteil geschaffen wird. Auf diese Weise bleiben ganze Unternehmen flexibel und können inmitten der aktuellen zahlreichen Veränderungen in ihrer Komplexität bestehen und sich weiterentwickeln.

Printed in Poland
by Amazon Fulfillment
Poland Sp. z o.o., Wrocław